Piloter une Affaire

ou méthodes pratiques pour manager un projet

Collection **Techniques de Gestion**

dirigée par Yves Simon, Professeur à l'Université de Paris IX-Dauphine

Piloter une Affaire

ou méthodes pratiques pour manager un projet

2e édition

Pierre SZPIRGLAS

ECONOMICA
49, rue Héricart, 75015 Paris

À Yola, Clara, Chloé

Remerciements

Je remercie pour leur contribution directe ou indirecte à la création de cet ouvrage, par ordre d'entrée en scène :

• Gilles Roy pour son écoute bienveillante lors de nos discussions du soir ;

• Hélène Guweddeko toujours prête lorsqu'on appelle à l'aide ;

• Mohamed Amine pour son exigence de rigueur scientifique ;

• les quelque cinq mille participants rencontrés lors de séminaires et qui m'ont apporté le témoignage de leur irremplaçable expérience ;

• Jean-Sébastien Bach, Wolfgang-Amadeus Mozart, Django Reinhardt, Raphaël Faÿs, Chet Atkins, Miles Davis, Angelo Debarre, pour leur soutien musical et involontaire.

NOTE AU LECTEUR

J'ai tenté dans ce livre de mettre à votre disposition des outils pratiques, dont les principes sont tirés des grandes méthodologies en vogue. Ces outils sont présentés suivant la logique chronologique d'une affaire.

J'ai fait le constat que la plupart des affaires représentaient des budgets dont l'ordre de grandeur est compris entre quelques dizaines et quelques centaines de milliers d'euros (ce n'est déjà pas mal), tout les chargés d'affaire ne construisant pas le tunnel sous la Manche. J'ai donc souhaité vous proposer une démarche de pilotage d'affaire pragmatique et réellement applicable plutôt que des théories managériales qui, bien que fort intéressantes, sont difficiles à mettre en œuvre et sont souvent ressenties par les chargés d'affaire comme « un marteau pour écraser une mouche ».

Je n'évoque dans ce livre que des méthodes et outils que j'ai expérimentés à de nombreuses reprises et qui m'ont aidé lors des affaires que j'ai eu à piloter.

Si vous êtes pressés mais curieux, un résumé figure au début de chaque chapitre.

Vous pourrez déguster quelques aphorismes savoureux, au bas de chaque page.

INTRODUCTION

EN RÉSUMÉ...

Une affaire est un projet réalisé pour un client avec lequel on est lié par un contrat. L'affaire associe un enjeu commercial et économique pour le vendeur à un objectif de satisfaction des besoins du client.

La complexité est une caractéristique des affaires. Gérer cette complexité passe par la capacité d'une part à modéliser la réalité, d'autre part à adapter sa stratégie en fonction des événements.

Plutôt que le suivi d'affaire, nous retiendrons le terme de conduite d'affaire, avec l'objectif de passer au pilotage d'affaire.

Piloter une affaire, c'est être capable de modéliser le déroulement de l'affaire (structurer, planifier, budgéter) et pouvoir réagir aux imprévus inévitables grâce à un système d'information et de décision efficace.

1. Qu'est-ce qu'une affaire ?

Une affaire est un projet à vocation commerciale, c'est-à-dire basé sur un contrat liant un fournisseur à un client. L'affaire associe deux enjeux souvent considérés à tort comme antagonistes : satisfaire les besoins du client et assurer la marge du fournisseur.

L'affaire est définie à partir du projet (tableau 1).

Tableau 1. – *Qu'est-ce qu'un projet ?*

Pourquoi	Répondre à un besoin identifié.
Quoi	En produisant un système unique.
Comment	Résultat d'un ensemble d'activités interdépendantes.
Qui	Faisant intervenir des contributeurs aux compétences différentes et complémentaires.
Combien	En maîtrisant des coûts prédéterminés.
Quand	En tenant les délais annoncés.
Qualité	En respectant la spécification des fonctions et des performances.

Il existe d'autres définitions du projet et parmi celles-ci celle de l'AFITEP (Association Francophone de Management de projet) :

> *Essentiellement, un projet se définit comme une action spécifique, nouvelle, qui structure méthodiquement et progressivement une réalité à venir pour laquelle on n'a pas encore d'équivalent exact.*
>
> *(Le management de projet AFITEP-AFNOR 1991)*

Les relations client-fournisseur sont parfois établies à l'intérieur d'une entreprise. Ainsi le Service Achats « vendra » ses prestations aux autres services de l'entreprise, à un prix de cession prédéfini. Une logique consiste à penser que si chaque service préserve sa propre rentabilité, c'est la rentabilité de l'entreprise tout entière qui sera assurée.

2. Du compliqué au complexe

Quelle différence fondamentale existe-t-il entre un Airbus A320 et un plat de spaghettis ???

Si vous prenez le temps de vous pencher sur la question, vous pouvez apprendre dans son intégralité la constitution d'un Airbus, jusqu'à être capable de le démonter puis de le remonter (comptez large pour le temps nécessaire)...

En revanche, ayant observé un plat de spaghettis, essayez donc de reproduire dans un second plat strictement la même configuration des spaghettis entre eux. Difficilement concevable, n'est-ce pas ?

La science des projets consiste à prévenir les difficultés de l'exécution (Vauvenargues).

La disposition des spaghettis dans un plat est liée à un ensemble d'interactions subtiles et nombreuses, à tel point que leur assemblage est imprévisible, semble dû au « hasard », et n'est guère reproductible.

L'Airbus est compliqué... le plat de spaghettis est complexe !

Par le nombre des tâches à réaliser, par le nombre des intervenants et la nature des relations qui peuvent s'établir entre eux, une affaire peut être considérée comme complexe. C'est bien l'affaire qui est complexe, alors que le système à produire dans le cadre de l'affaire peut être « simplement » compliqué.

3. Maîtriser la complexité

Sans espérer la maîtriser totalement, nous pouvons prendre en compte la complexité pour appréhender une affaire. Je vous propose deux approches complémentaires et indissociables (tableau 2).

Tableau 2. – *Maîtriser la complexité*

Modéliser	Vivre avec
– Structurer l'affaire – Organiser – Planifier – Budgéter – Évaluer les risques	– S'informer – Réagir – S'adapter – Animer – Négocier

Il s'agit d'utiliser les outils de modélisation qui nous permettent de simplifier la vision que nous pouvons avoir de l'affaire, même de façon réductrice, afin de partager cette vision avec l'ensemble des acteurs de l'affaire.

Par ailleurs, la réalité s'avérant en général plus riche que les modèles qu'on peut en faire, il nous faudra, au cours de l'affaire, nous adapter, adapter les modèles et orienter notre action de façon à atteindre le but défini.

4. Suivre, conduire... piloter

On parle souvent de suivi de projet ou d'affaire. Ce terme évoque irrésistiblement pour moi l'image du chargé d'affaire qui court derrière son affaire sans jamais la rattraper. Oublions donc le suivi.

Le chemin est long du projet à la chose (Molière).

Vous avez l'expérience de la conduite automobile ? Lorsque vous conduisez, vous ne regardez pas votre volant, pas même votre bouchon de radiateur si vous possédez une berline luxueuse, mais vous fixez en permanence un point situé trente à cinquante mètres devant votre capot. Plus vous roulez vite, plus vous devez regarder loin devant : vous modélisez en prévoyant constamment l'endroit où vous serez dans quelques secondes... si tout se passe bien.

Mais un tracteur débouche d'un chemin : suivez-vous le plan que vous vous êtes fixé en modélisant ? Puisque dans 5 secondes, je dois être à tel endroit, alors je fonce. Ridicule, n'est-ce pas ? Dans cette situation, vous freinez, vous braquez, vous faites tout pour éviter le tracteur.

Conduire une affaire, c'est regarder loin devant, à l'aide des modèles de structuration, de planification, de budgétisation... c'est aussi être capable de réagir aux situations imprévues car imprévisibles.

Au-delà de la conduite automobile, il est probable que Michael Schumacher ne se contente pas de découvrir la route 30 mètres devant lui, mais qu'il a en tête l'ensemble du dessin du circuit. Il anticipe à l'aide de modèles plus développés que les nôtres. Par ailleurs, ses réflexes, pour négocier une flaque d'huile sur la piste ou doubler un concurrent attardé, sont beaucoup plus affûtés que les nôtres. On ne parle pas de conducteur de Formule 1, mais de pilote.

L'utilisation progressive des outils que je vous propose devrait vous permettre dans un premier temps de conduire vos affaires, prudemment, avec l'objectif de devenir des pilotes performants.

5. L'équilibre de l'affaire

Une affaire est souvent représentée dans la littérature sous la forme suivante :

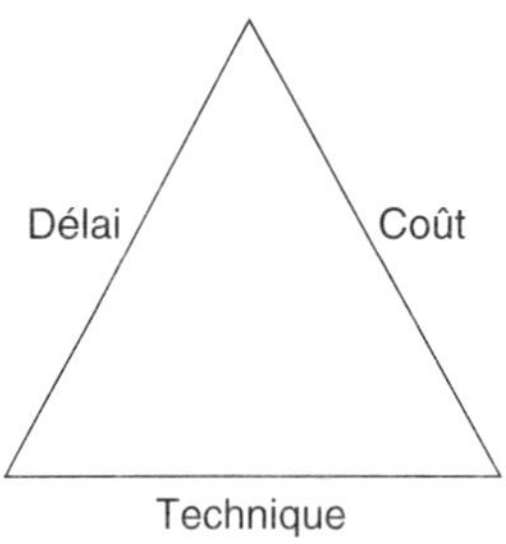

Le triangle équilatéral représente l'équilibre de l'affaire, c'est-à-dire l'attention respective portée à la technique, au coût et au délai.

En réalité, on peut distinguer différents types d'affaires, pour lesquels sera privilégié un aspect de l'affaire plus que les autres.

Nous courons sans souci vers le précipice, après que nous ayons mis quelque chose devant pour empêcher de le voir (B. Pascal).

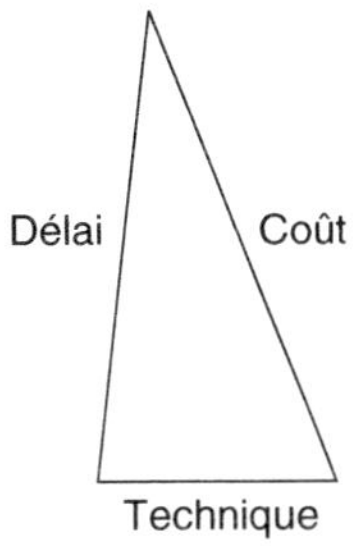

L'affaire ci-contre (type bâtiment par exemple) privilégie le délai et le coût sur la technique.

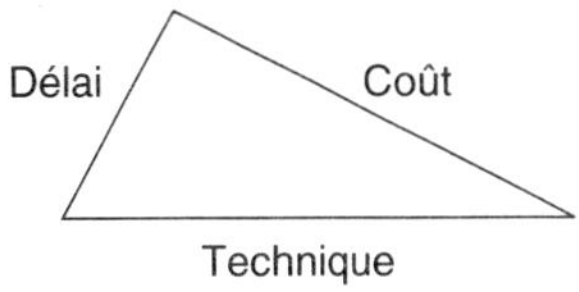

Le profil de l'affaire ci-contre pourrait être celui d'un développement informatique faisant l'objet d'une affaire commerciale, avec pour objectif de préserver la marge, que le logiciel fonctionne, mais livrable... quand il sera au point.

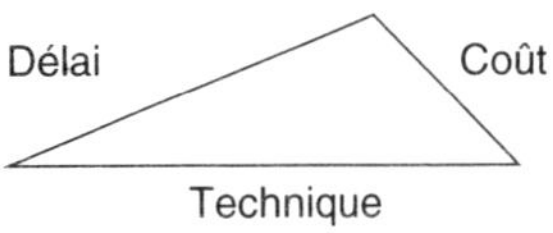

La technique primordiale, les délais importants, les moyens nécessaires seront mis pour assurer la sécurité et la sûreté dans le domaine du nucléaire. C'est le profil d'une affaire d'arrêt de centrale pour rechargement du combustible et maintenance.

Au commencement d'une affaire, il est bon de se forger une représentation graphique pour évaluer les poids respectifs de la technique, du coût et du délai.

6. Caractériser un projet

Tableau 3. – *Caractériser un projet*

Taille	Grand	Par le coût essentiellement, mais aussi par la durée et l'effet sur l'environnement. Un grand projet marque les esprits au-delà des structures qui participent à sa réalisation.
	Petit	Par le coût également, facilement assimilable, par sa durée, par sa disposition à être géré dans le cadre d'un traitement multi-projets, par la non-complexité des méthodes utilisées pour sa conduite, par le nombre de participants, etc.

On ne sait que ce que l'on pratique (Montesqieu).

Tableau 3. – *Caractériser un projet (Suite)*

Hiérarchie	Directeur	Un projet dont le résultat est voué à une exploitation intégrale, sans appartenance à un autre projet.
	Sous-projet	Un projet dont le résultat est utilisé comme élément constituant d'un autre projet.
Implication	Collectif	Un projet dont le résultat (livrable final) appartient à une organisation, une personne morale ou une entité économique quelle que soit la maîtrise d'œuvre.
	Personnel	Un projet dont le produit appartient, en propriété et en usage à une personne physique, même s'il est réalisé par un groupe de personnes.
Nature	Ouvert	Un projet ouvert appelle une réflexion sur la solution à donner à un besoin exprimé en termes fonctionnels.
	Fermé	Un projet fermé se caractérise par une définition précise du produit à réaliser ; dans ce genre de projet, il n'y a peu de place pour la créativité ou la recherche de solutions techniques.
Finalité	De développement	Un projet visant à accroître, agrandir, élargir une capacité existante. Ce type de projet n'est pas soumis aux contraintes d'urgence, et l'abandon ne constitue pas une remise en cause d'un quelconque système.
	De résolution	Un projet visant à corriger une situation jugée inacceptable, voire dangereuse. Délais et coûts sont cruciaux.
Domaine	Multi-disciplinaire	La complexité des projets réside aussi dans le fait que plusieurs disciplines concourent à leur réalisation. Une grande partie des projets fait intervenir plusieurs corps de métier, dont aucun n'est clairement identifié comme dominant.
	Spécialisé	Comme il n'existe pas de projet mono-disciplinaire, on considère qu'un projet est spécialisé dès qu'une discipline occupe plus de 50 % du volume des activités en projet.

Mieux vaut entendre une corde qui se brise que de n'avoir jamais tendu un arc (Von Heidenstam)

7. Qu'est-ce qui change en matière de management de projet ?

Grand/Petit

D'abord, sur le plan de la constitution de l'équipe de projet : sur un petit projet, l'équipe est restreinte et les méthodes de travail sont simplifiées. Le réseau d'acteurs est maîtrisable et le chef de projet qui assure la préparation et coordonne l'intégration du projet peut le faire seul. Ce n'est pas le cas dans un grand projet.

Dimensions à retenir : simplicité, proximité, réseau d'information.

Directeur/Sous-projet

Gérer un sous-projet implique la prise en compte d'autres projets en parallèle. L'organisation du système d'information, par exemple, se fait au-delà du périmètre du projet. On peut s'attendre à un arrêt, un gel, une suspension ou une accélération d'un projet, dus à l'état de l'avancement des autres projets. Un projet directeur ne doit ses décisions stratégiques qu'à son propre avancement ou à son environnement, mais pas à un autre projet particulièrement.

Dimensions à retenir : planification, échéances, configuration, reporting.

Collectif/Personnel

Il existe un partage très élaboré des responsabilités dans un projet collectif, dont l'appui ou la remise en cause dépendent d'une personne morale (organisation). Un projet personnel est affecté ou non par la situation professionnelle, financière, familiale d'une personne physique ; celle qui le finance.

Dimensions à retenir : rôles et responsabilités des acteurs, reporting, capitalisation.

Ouvert/Fermé

Un projet ouvert commence naturellement par une analyse du besoin, donc une phase d'avant projet relativement longue. Le besoin dans ce cas est exprimé en terme de fonctions plus que de produit. La communication entre la maîtrise d'ouvrage et la maîtrise d'œuvre est relativement fréquente pendant la réalisation du projet. Un projet fermé est en revanche, une mission de réalisation sur la base d'un cahier des charges détaillé. Il y a très peu de travaux préparatifs en avant-projet. La communication entre la maîtrise d'ouvrage et la maîtrise d'œuvre n'est pas très dense.

Ne me donnez pas de conseil, je sais me tromper tout seul.

Dimensions à retenir : analyse du besoin, Cahier des charges fonctionnel (CdCF), échéances, configuration.

Développement/Résolution

L'état d'esprit d'une équipe de projet de développement est plutôt détendu, car il s'agit de faire évoluer un état des choses jugé déjà satisfaisant. Ceci se ressent sur les échéances ainsi que sur la relation avec les partenaires, la gestion du budget, etc. Ce qui est recherché ne peut être que bénéfique pour l'organisation cliente. Le cas n'est pas le même pour les projets de résolution de problème. Ceux-ci s'appuient sur un mode de management plus contraignant, les délais sont d'une importance accrue, les coûts sont un élément majeur de pilotage.

Dimensions à retenir : coûts, échéances.

Multidisciplinaire/Spécialisé

Pour un projet spécialisé, les experts préconisent que le chef de projet soit spécialiste aussi, car une grande partie des activités en projet tournera autour de la discipline, tels les projets pharmaceutiques, informatiques, etc. Il se trouve que la plupart des projets industriels est plutôt pluridisciplinaire et l'on privilégie un profil fédérateur du chef de projet et l'ouverture vers les autres horizons.

Dimensions à retenir : rôle et prérogatives du chef de projet, délégation, validation.

Rêve de grandes choses, cela te permettra au moins d'en faire de toutes petites. (J. Renard).

Chapitre 1

L'AFFAIRE DANS L'ENTREPRISE

EN RÉSUMÉ...

L'organisation de l'entreprise par affaire a pour objectif d'améliorer sa réactivité par rapport à un environnement mouvant et instable.

Une affaire est par nature temporaire alors que l'entreprise a vocation de pérennité et de stabilité.

Le pilotage de l'affaire peut être confié à un facilitateur, à un coordinateur, faire l'objet d'une organisation matricielle, voire de la création d'une task-force.

Il n'y a pas une organisation meilleure que les autres dans l'absolu. Le choix de l'organisation est fonction du secteur d'activité de l'entreprise, du profil des affaires. La bonne organisation est celle qui est connue, comprise et acceptée par l'ensemble des acteurs de l'entreprise.

L'organisation par affaires, ou par projets, répond à des nécessités nouvelles qu'un environnement technico-économique mouvant impose à l'entreprise.

1. L'entreprise

L'entreprise se doit, dans sa définition actuelle, de présenter à son environnement une certaine pérennité. Il y a encore quelques années, l'environnement de l'entreprise était stable. Marchés locaux, clients fidèles, produits à durée de vie longue, tels étaient les paramètres qui permettaient à une structure stable de satisfaire à un besoin de réactivité faible.

Schéma 1. – *Organigramme de l'entreprise*

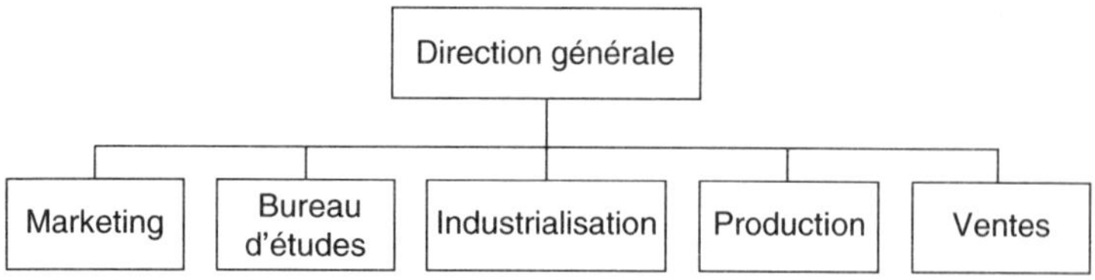

Il était alors fréquent que le client change d'interlocuteur au cours du déroulement de l'affaire, son dossier étant transmis d'une direction à l'autre. Confrontée à un environnement aux contours mouvants, caractérisé par des marchés mondialisés, des produits dont la durée de vie se raccourcit, des technologies dont l'évolution se fait de plus en plus rapide, une concurrence réduisant les marges, l'entreprise se devait de s'adapter. L'organisation par affaires répond pour partie à cette nécessité de changement d'organisation.

2. L'affaire

Au contraire de l'entreprise, stable par vocation, l'affaire est par nature temporaire.

La mise en place d'une structure de pilotage d'affaires vise à :

– mettre en face du client un interlocuteur responsable de l'ensemble de l'affaire ;

– instaurer une communication transverse aux directions de l'entreprise, le cloisonnement étant ressenti comme un frein à la qualité technique et économique des affaires ;

– doter l'entreprise d'une capacité protéiforme lui assurant une meilleure adaptabilité et une meilleure réactivité.

3. Les organisations

Quatre types d'organisation par affaire (ou par projet) sont identifiables (AFITEP, 1991) :

– avec facilitateur ;

– avec coordinateur ;

Personne ne croit aux experts, mais tout le monde les croit (A. Detœuf).

– matricielle ;
– en task-force.

Le facilitateur reste dans sa direction d'origine. Sans pouvoir sur les ressources, il doit se contenter de mettre de l'huile dans les rouages inter-directions.

Le coordinateur, hors de sa direction, est rattaché à la direction générale. Par rapport au facilitateur, ce rattachement a pour effet d'augmenter le pouvoir lubrifiant de l'huile.

La structure matricielle est ambitieuse car elle met en jeu les pouvoirs dans l'entreprise.

Schéma 2. – *La structure matricielle*

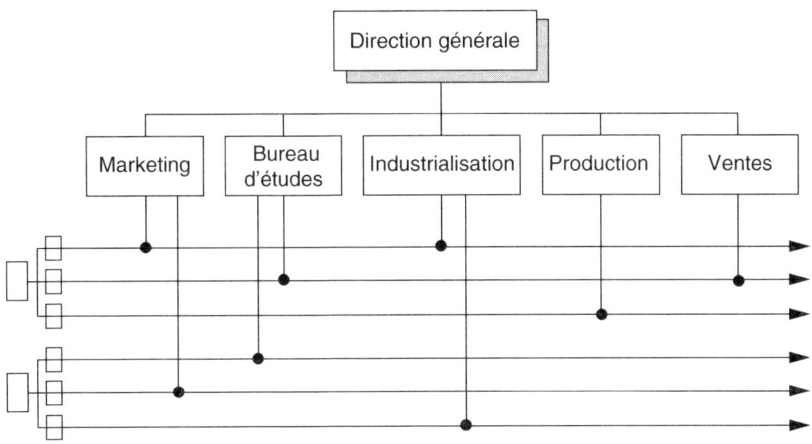

Les directions opérationnelles deviennent des centres de ressources au service des affaires (schéma 2).

Cette organisation présente des avantages :

• L'équipe affaire est responsable de la bonne fin de l'affaire, tant vis-à-vis du client au plan de la réponse aux besoins que de la direction de l'entreprise pour ce qui concerne la rentabilité.

• Elle permet de dépasser les difficultés liées à l'existence éventuelle de baronnies rivales au sein de l'entreprise.

• L'équipe affaire vit tant que vit l'affaire. Une nouvelle équipe sera créée pour une nouvelle affaire, ce qui permet de constituer des équipes adaptées à chaque contexte particulier.

Ce n'est pas au pied du mur qu'on voit le maçon, c'est tout en haut (A. Detœuf).

L'organisation matricielle comporte également quelques inconvénients :

• La négociation est permanente entre chargés d'affaire et directions opérationnelles. La négociation doit devenir un « mode de vie » dans l'entreprise et la capacité à négocier n'est pas innée.

• Les contributeurs aux affaires occupent une position inconfortable, coincés entre les objectifs du chargé d'affaire et ceux de leur patron hiérarchique dans leur direction de rattachement.

• Les ressources de l'entreprise étant finies, la concurrence existe entre plusieurs chargés d'affaire qui souhaitent voir privilégier leur affaire. Des arbitrages difficiles sont alors à faire. L'organisation doit préciser les critères de priorités entre les affaires et qui peut arbitrer des conflits émergeant d'un manque de clarté des règles du jeu.

La task-force réunit les contributeurs à temps plein sur une affaire. L'équipe devient une entreprise dans l'entreprise et le chargé d'affaire joue le rôle d'un directeur général. Ce type de structure est utilisé pour des affaires à fort enjeu technique ou économique, ou à grande criticité sur le délai.

Je me garderai bien de prôner une organisation plutôt qu'une autre. Le choix de structure peut répondre à la combinaison de différents critères (tableau 1).

Tableau 1. – *Critères de choix d'une organisation par affaires*

Critères	Facilitateur	Coordonnateur	Matriciel	Task-force
Degré d'incertitude	Faible	Faible	Fort	Fort
Complexité technologique	Faible	Faible	Forte	Forte
Taille des affaires	Faible	Faible	Moyenne	Forte
Importance des enjeux	Très faible	Faible	Moyenne	Forte
Nombre d'affaires géré par l'entreprise	Fort	Fort	Faible	Très faible
Complexité des relations	Très faible	Faible	Moyenne	Forte
Criticité des délais	Faible	Faible	Moyenne	Importante
Différenciation entre les affaires	Faible	Faible	Moyenne	Forte

Au-delà des critères objectifs, la bonne organisation est celle qui est connue, comprise et acceptée par l'ensemble des acteurs de l'entreprise.

Nous sonmmes mecacés par deux calamités : l'ordre et le désordre (P. Valéry).

Chapitre 2

LES ACTEURS D'UNE AFFAIRE

EN RÉSUMÉ...

Le rôle des acteurs de l'affaire se définit par rapport au contrat principal.

Exploitant et maître d'ouvrage commanditent l'affaire.

Maître d'œuvre et sous-contractants réalisent l'affaire.

Il est important de bien repérer le rôle de chaque acteur ainsi que les responsabilités techniques, juridiques et économiques.

Un vocabulaire précis permet d'attribuer les rôles des acteurs d'une affaire. À chaque rôle défini correspondent des implications techniques, juridiques et économiques. Ces définitions permettent de cerner le champ des responsabilités de chaque partenaire.

1. Les partenaires d'une affaire

Les rôles sont repérés à partir du contrat principal autour duquel s'articule l'affaire (schéma 1).

La structure des partenaires est définie autour du contrat principal. Il est important de comprendre que cette structure est récurrente, c'est-à-dire que le maître d'œuvre pour ce contrat principal peut être considéré comme maître d'ouvrage pour les contrats de sous-traitance, les sous-contractants devenant maîtres d'œuvre par rapport à leurs propres sous-contractants.

Schéma 1. – *Les partenaires d'une affaire*

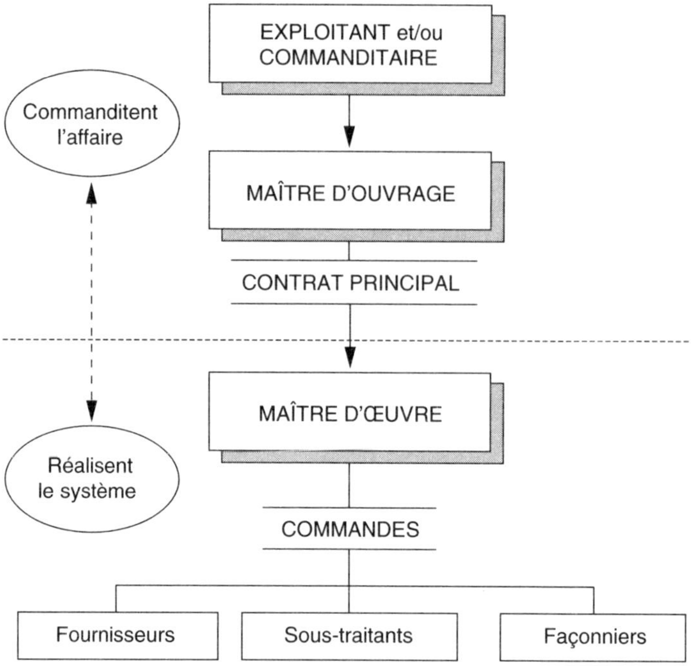

2. Le rôle des partenaires

Parmi les quelques définitions que je vous propose, celles dotées d'un astérisque sont tirées du dictionnaire de management de projet AFNOR-AFITEP.

*Exploitant ou commanditaire**

C'est la personne physique ou morale qui assurera le fonctionnement normal et la maintenance de l'ouvrage après sa mise en service.

*Maître d'ouvrage**

C'est le futur propriétaire de l'ouvrage. Il fixe les objectifs, l'enveloppe budgétaire et les délais souhaités pour le projet.

*Maître d'œuvre**

C'est la personne physique ou morale qui réalise l'ouvrage pour le compte du maître d'ouvrage et qui assure la responsabilité globale de la qualité technique, du délai et du coût.

Les deux choses les plus importantes n'apparaissent pas au bilan d'une entreprise : sa réputation et ses hommes (H. Ford).

Coopérant ou co-contractant

Il prend à sa charge la partie du programme industriel que le maître d'œuvre ne peut pas piloter. On parle parfois de maître d'œuvre délégué.

Sous-contractant

C'est l'industriel responsable de la réalisation de parties de l'affaire qui lui sont confiées par le maître d'œuvre.

Sous-traitant

Il exécute les plans fournis par l'entité chargée des études, avec ses propres procédés.

Façonnier

Il exécute les plans fournis par l'entité chargée des études, avec des procédés imposés.

Fournisseur

Il approvisionne sur catalogue. Vous vous fournissez chez lui en éléments qui ne sont pas spécifiquement définis pour l'affaire.

Un exemple : Le service Comptabilité (commanditaire) souhaite se doter d'un nouveau système informatique. Il confie l'affaire à la responsabilité du service Informatique (maître d'ouvrage). Ce dernier réalise l'étude des besoins puis lance un appel d'offres pour trouver un partenaire capable de fournir le système. Le partenaire (maître d'œuvre) retenu va piloter l'ensemble de l'étude technique puis de la réalisation et la mise en œuvre du système. Il pourra faire appel à un constructeur d'ordinateurs (fournisseur), à une SSII pour développer le logiciel (sous-traitant). Il est possible que ce projet d'informatisation nécessite une réorganisation du service Comptabilité, accompagné d'actions de formation. Cette partie de l'ensemble pourra être confiée à une entreprise spécialisée dans l'organisation (maître d'œuvre délégué).

J'ai plus peur de nos propres erreurs que des plans de nos ennemis (Périclès).

Chapitre 3

LE PLAN DE COMMUNICATION

EN RÉSUMÉ...

En fonction de l'image de votre projet, certaines actions peuvent être facilitées. Le maître d'ouvrage et le maître d'œuvre doivent définir et organiser les dispositions spécifiques à mettre en œuvre pour communiquer sur le projet réalisé.

Communiquer efficacement implique d'avoir défini une cible et un objectif de communication clairs. Le support de communication doit y être adapté.

Les bonnes pratiques identifient les quatre pièges suivants :
– la sur-communication qui noie la cible sous une communication répétitive, redondante et trop fréquente ;
– la mauvaise information : les messages ne passent pas bien, les supports ont été mal choisis, les cibles n'ont pas été bien déterminées ;
– les messages sans liens : si plusieurs intervenants communiquent sur le projet, évitez l'accumulation de messages juxtaposés sans liens ;
– la non-communication : risque de rejet des utilisateurs ou désintérêt total, risque de découverte tardive qu'il existe des projets concurrents ou des développements déjà effectués.

1. Pourquoi communiquer ?

Il s'agit ici d'une communication à sens unique, d'information dont aucun retour immédiat n'est à attendre de la part des destinataires. Elle est orientée autour du projet en fonction de la cible et des objectifs.

On communique sur l'affaire pour :
– faire agir, faire adhérer ;
– rassurer, rendre plus réceptif et plus coopératif aux changements ;
– valider l'information nécessaire à un meilleur pilotage ;
– entretenir un bon niveau de coopération entre les acteurs de l'affaire.

On communique sur le produit pour :
– mettre en évidence les avantages du produit, les objectifs, et les enjeux ;
– permettre de motiver les utilisateurs en les préparant à l'appropriation du futur produit.

2. Le plan de communication

On appelle ainsi le document décrivant les dispositions, les actions spécifiques retenues ainsi que les outils pour communiquer sur le projet et/ou le produit ou le service à réaliser. Il engage la communication sur le projet, afin de faciliter la transparence, la confiance sur les travaux en cours et de détecter et réduire les résistances au changement. Ce document est construit lors de la phase d'initialisation du projet. Il est ensuite complété et évolue tout au long du projet.

Le plan de communication doit définir :
POURQUOI : l'impact recherché… l'objectif de la communication ;
VERS QUI : la cible… les destinataires ;
QUOI : le message… le contenu ;
COMMENT : le média… le support ;
QUAND : le moment ;
PAR QUI : l'émetteur… qui met en œuvre le plan.

3. Identifier la cible

Il est nécessaire de repérer la cible, c'est-à-dire les destinataires potentiels de la communication. On se référera pour cela à la distinction entre les acteurs concernés et les acteurs impliqués. Les acteurs impliqués contribuent à la réalisation de l'affaire, les acteurs concernés bénéficient ou subissent l'impact du projet dans leur travail ou dans leur vie.

D'abord continuer, ensuite commencer (W. James).

4. Caractériser la cible

On établit un positionnement des acteurs concernés selon deux axes : la foi qu'elles ont en votre projet et l'intérêt qu'elles y trouvent.

Crédibilité

+ La personne croit en votre projet ; elle est persuadée que vous allez le faire aboutir et ne doute pas de sa finalisation.

– La personne ne croit pas que votre projet verra le jour. Elle mise sur un avortement par manque de moyen, de compétence ou de pugnacité.

Intérêt

+ La personne perçoit en quoi votre projet peut lui être bénéfique. Elle souhaite son aboutissement afin de tirer profit du projet.

– La personne ne voit pas en quoi elle tirera parti de votre projet. Elle ne manifeste aucun intérêt pour le projet, voire elle en redoute l'aboutissement.

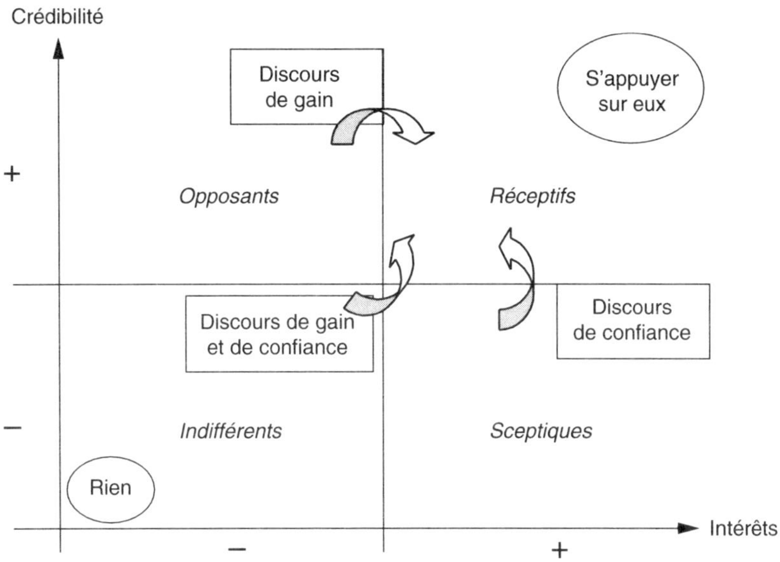

Rien n'est impossible à celui qui n'aura pas à le faire lui-même (Loi de Weiler).

5. Quel discours tenir ?

En balayant les cadrans définis par le schéma précédent, on distingue quatre cibles correspondant à quatre communications différentes.

Réceptifs : ils vous sont tout acquis mais il faut veiller à maintenir leur motivation. Il peut s'avérer profitable de les utiliser comme vecteurs de la communication. Vous pouvez alors vous appuyer sur eux pour relayer un discours positif et communiquer leur enthousiasme aux autres cibles.

Sceptiques : ils aimeraient bien mais n'y croient pas. Développer un discours de confiance. Inutile de leur vendre votre projet, ils en sont déjà impatients (« prêcher un convaincu »). En revanche multiplier les informations générant de la confiance : les indicateurs de tenue des délais, l'obtention des permis et budgets, les preuves tangibles (visuelles) d'avancement physique des travaux.

Opposants : convaincus que le projet ne leur apportera pas de bénéfice, ils peuvent être prêts à le faire échouer. Le discours à tenir est un discours de gain, destiné à montrer les avantages qu'ils peuvent tirer de la réussite du projet. Si, réellement, ils n'ont pas de gain à en attendre, on s'efforcera de présenter des compensations acceptables.

Indifférents : ils ne voient pas ce que votre projet peut leur apporter et de toute façon ne pensent pas que vous allez réussir. Leur attitude peut varier sensiblement de l'indifférence à l'opposition. Les efforts de communication sont surtout destinés à éviter qu'ils basculent, par « contamination », dans le camp des opposants.

On peut choisir de ne rien faire, considérant que l'effort à déployer ne serait pas rentable. Si vous décidez néanmoins de vous adresser à ce public, vous devrez leur tenir un discours comportant les deux composantes : confiance et gain. Le choix s'effectue en fonction de la quantité d'indifférents que vous avez à gérer.

Une fois identifiées et caractérisées les différentes cibles possibles, reste à choisir de façon pertinente le ou les media retenus ainsi que le ton à employer.

6. Conseils

Le message doit être :

– *clair* : la compréhension doit être immédiate, le message doit être lisible, cohérent, utile et accessible ;

– *réaliste* : la communication doit être justifiée dans ses fondements sur une réalité tangible ;

Il vaut mieux suivre le bon chemin en boitant que le mauvais d'un pas ferme (Saint-Augustin).

– *mémorisable* : message court, redondant, présentation aérée, longueur modérée, vocabulaire concret ;

– *mobilisateur* : il doit impliquer, concerner les différents publics auxquels il s'adresse ;

– *authentique* : il est le reflet des difficultés et des résistances, ainsi que des avancements ; la communication limite l'effet de rumeur ;

– *concret* : il doit rappeler les enjeux et les résultats recherchés à travers l'opération, contenir des messages forts ; il doit présenter des messages clés, facilement mémorisable sur lesquels il est important d'obtenir une adhésion.

Profitez des temps forts (lancement, site pilote, déploiement...) pour réunir les acteurs impliqués autour d'événements de communication.

Pour l'anecdote, on citera avec délice le cas d'une entreprise prônant la réduction des coûts auprès de son personnel en encourageant à utiliser le verso des feuilles comme brouillon, ce par une somptueuse plaquette en quadrichromie, ou encore cette communication écrite vers les « jeunes des banlieues » les incitant à pratiquer, je cite, « la prophylaxie envers le syndrome HIV » (les prospectus ont fini en avions de papier, voire en accessoires de consommation de substances prohibées).

Les paroles seules comptent, le reste est bavardage (E. Ionesco).

Chapitre 4

LES PHASES D'UNE AFFAIRE

EN RÉSUMÉ...

Le pilotage d'affaire comprend cinq phases :

Chercher une affaire : c'est la prospection commerciale, qui débouche sur une sélection d'offres à constituer. Elle a pour objectif d'attirer vers l'entreprise les demandes des clients, sous la forme d'appels d'offres ou de marchés négociés.

Qualifier l'affaire : elle permet d'étudier l'opportunité et la faisabilité d'une éventuelle réponse à une demande.

Préparer l'affaire : souvent négligée, cette phase revêt une importance capitale. C'est lors de la préparation que seront générés 80 % des coûts de l'affaire. Elle comporte l'analyse des besoins du client, la structuration de l'affaire, la planification, l'élaboration du coût et du prix de vente. Elle débouche sur la remise d'une proposition.

Piloter l'affaire : elle comprend la mise en œuvre des méthodes et outils de gestion aux plans de la technique, des délais et des coûts. Stressante, elle fait appel aux qualités managériales du chargé d'affaire.

Faire le bilan en fin d'affaire : rarement effectuée, cette phase permet de capitaliser l'expérience au sein de l'entreprise par une formalisation rendant disponibles les informations. Ce retour d'expérience améliore la préparation des affaires futures par une meilleure appréciation des délais, des coûts et des risques.

Afin de vous aider à structurer votre démarche de pilotage d'affaire, je vous propose un découpage pragmatique en cinq étapes, l'aboutissement de chacune d'entre elles pouvant être facilement repéré par un résultat tangible.

Tableau 1. – *Les phases d'une affaire*

Chercher une affaire	...le plus long	Appel d'offres ou marché négocié
Qualifier l'affaire	...le plus négligé	On répond ou non
Préparer l'affaire	...le plus rigoureux	Proposition technique et financière
Négocier l'affaire	...le plus épineux	Contrat
Piloter l'affaire	...le plus stressant	Réception par le client
Bilan	...le plus oublié	Mise à jour du système d'information de l'entreprise

1. Chercher une affaire

Pour mettre en œuvre les techniques de pilotage d'affaire, encore faut-il en avoir l'occasion.

Si c'est le domaine réservé des commerciaux que d'aller chercher les opportunités d'affaires, les chargés d'affaire interviennent de plus en plus tôt dans le processus, en support d'avant vente.

Les appels d'offres sont publiés dans les revues spécialisées par secteur d'activité ou sont émis par les entreprises vers des partenaires identifiés. Il faut donc être repéré (« au panel » est l'expression consacrée) dans le plus grand nombre d'entreprises possible pour recevoir les appels d'offres.

Pour ce qui concerne les marchés publics, les appels d'offres sont publiés deux fois par semaine au BOAMP (Bulletin Officiel d'Annonce des Marchés Publics). Il peut être intéressant de répondre, sur les thèmes qui concernent l'activité de votre entreprise, même si les chances d'être retenu sont faibles la première fois. Le fait de répondre vous fait connaître des services qui passent le marché, et qui sait, une prochaine fois...

2. Qualifier l'affaire

Avant de foncer tête baissée dans l'élaboration d'une réponse, il faut cerner l'objet et le contexte de l'affaire, évaluer la prise de risque que comporte la future affaire, envisager l'opportunité et la faisabilité de l'étude

---

Des chercheurs qui cherchent, on en trouve, mais des chercheurs qui trouvent, on en cherche.

d'une offre. Cette phase doit déboucher sur une réponse à la question alternative suivante : « cela vaut-il la peine de répondre ? »

La décision de formuler une réponse doit découler d'une analyse conjointe de la demande du client, du client lui-même, et de la stratégie de l'entreprise. Le client occupe-t-il un secteur d'activité sur lequel nous souhaitons travailler ?

La qualification de l'affaire prend en compte l'analyse de deux composantes : le client et l'affaire.

2.1. Analyse du client

Les questions proposées ne constituent pas une liste exhaustive.

Question 1 : le client cherche-t-il vraiment une réponse ?

Cette question perverse mérite d'être posée. Il arrive en effet sur certains marchés que le fournisseur soit déjà retenu mais qu'une procédure d'appel d'offres soit obligatoire (marchés publics au-delà de 90000 euros). Ce n'est toutefois pas le cas le plus courant. À titre anecdotique, le soumissionnaire qui prend la peine de forger une réponse sur un marché « attribué » est communément appelé lièvre. Il vaut mieux éviter de jouer trop régulièrement le lièvre.

Question 2 : le client a-t-il la capacité à engager l'affaire ?

Il s'agit de déterminer la solvabilité du client. Des informations concernant le profil financier du client sont disponibles depuis quelques années, notamment via les services Minitel et Internet. On peut accéder aux derniers bilans de toute entreprise enregistrée au registre du commerce et des sociétés. La lecture des bilans et comptes de résultats fournira de précieuses indications sur la santé économique du client. On appréciera notamment la part que représente l'investissement, même évalué très grossièrement à cette étape de l'affaire, par rapport aux fonds propres et à la capacité d'endettement de l'entreprise.

Quelques adresses utiles

- Internet
  www.societe.com
  www.ort.com
  www.infogreffe.fr (payant)
  www.entreprisesfrance.com (payant à la demande)
- Accès restreint
  36-17/ENCOURIX (risques financiers)

Le génie : 1 % d'inspiration et 99 % de transpiration (T. Edison).

Les informations recueillies, si elles ne découragent par d'aborder l'affaire, pourront aider à élaborer un plan de financement de l'affaire satisfaisant au mieux le client, et constitueront un levier lors des négociations commerciales.

2.2. *Analyse de l'affaire*

Plusieurs critères d'évaluation du risque sur affaire peuvent aider à juger de l'opportunité de se lancer dans l'aventure. On aura avantage à utiliser une grille d'analyse du type de celle que je propose, qui n'est qu'un modèle et devra être adaptée aux critères de l'entreprise (tableau 2).

L'analyse par la grille de critères permet d'objectiver le choix de répondre ou non à la demande d'un client. Elle peut permettre, lorsqu'on s'est donné les moyens d'avoir à faire un choix entre plusieurs affaires, d'affecter des priorités.

3. Préparer l'affaire

On évalue qu'à l'issue de la phase de préparation, 80 % des coûts de l'affaire sont virtuellement générés, c'est-à-dire ne pourront être évités lors du déroulement.

La plupart des dérives, en termes de coût comme de délais, sont dus à une mauvaise ou insuffisante préparation.

Voici quelques dispositifs observés pour la préparation de l'affaire :

– « Mais où donc se trouvait cet appel d'offres ??? Il nous a été envoyé il y a plus de deux mois, la réponse doit être donnée demain et c'est maintenant qu'on s'y met !!! »

– « Donnons toujours une réponse, même incomplète, il sera temps de discuter par la suite. »

– « Comment veut-il que nous répondions si nous n'avons pas son budget ? »

– « Je pense avoir bien respecté la procédure qualité décrite dans le manuel. J'ai réuni un représentant du service qualité, un acheteur, un commercial. Je vais maintenant pouvoir constituer le groupe de travail qui examinera l'opportunité de répondre à cet appel d'offres… dont le montant d'affaire estimé est de… 880 euros. »

Celui qui ne prévoit pas les choses lointaines s'expose à des malheurs prochains (Confucius).

Tableau 2. – *Grille d'évaluation globale d'une affaire*

Critères	Favorable	Défavorable	Observations
La demande est-elle claire ?			
Existe-t-il un risque technologique ?			
Connaît-on déjà le client ?			
Le budget du client est-il connu ?			
L'organisation du client est-elle connue ?			
Quel est le nombre d'interlocuteurs chez le client ?			
Quel est l'état de la concurrence sur l'affaire ?			
Que représente le volume de l'affaire par rapport au chiffre d'affaires de l'entreprise ?			
Que représente le coût évalué d'élaboration de la réponse par rapport au volume de l'affaire ?			
Détient-on la maîtrise technique nécessaire ?			
L'affaire nécessite-t-elle une expertise rare ?			
Le plan de charge actuel permet-il de prendre l'affaire ?			
Combien d'intervenants internes doit-on mobiliser sur l'affaire ?			
Devra-t-on faire appel à des partenaires externes ?			
Dispose-t-on d'un réseau de partenaires externes compétents ?			
Quelle est la criticité du délai ?			
Quelle est la dispersion géographique des acteurs du projet ?			
Existe-t-il une négociation possible ?			
La réalisation fait-elle intervenir le client ?			
L'affaire peut-elle faire avancer l'entreprise (financement recherche et développement) ?			

Méfiez-vous du premier mouvement, c'est le bon (Talleyrand).

Schéma 1. – *Processus de préparation d'une affaire*

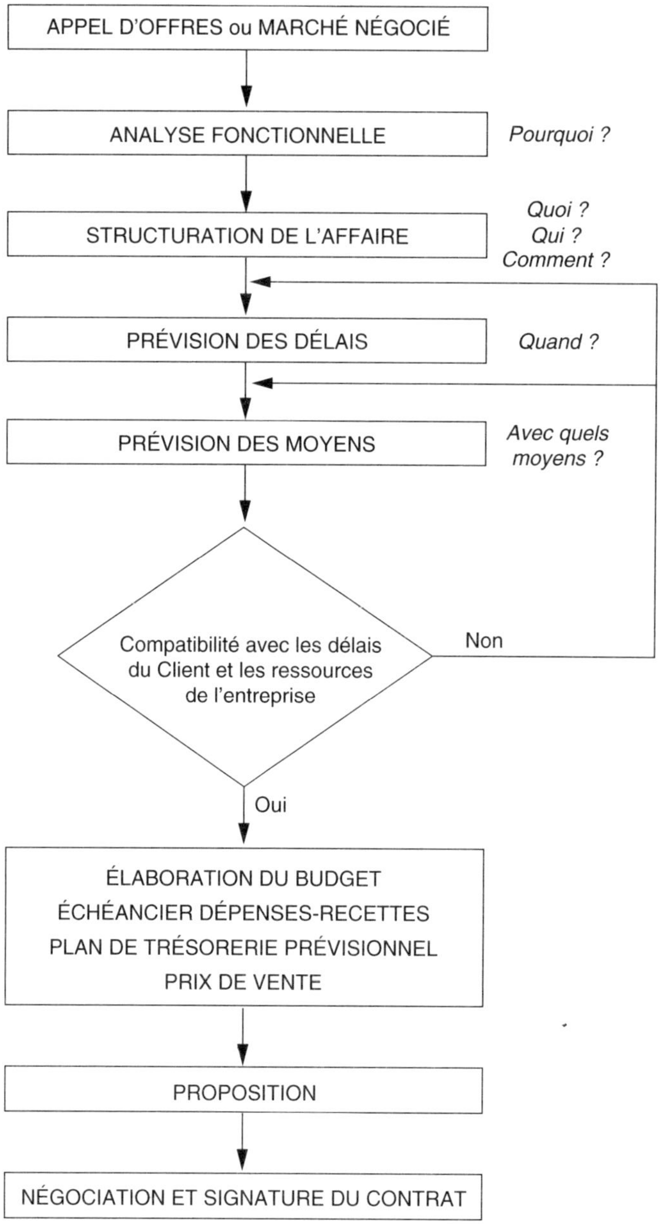

Mettez tous vos œufs dans le même panier… et surveillez le panier (M. Twain).

Tableau 3. – *La préparation de l'affaire : étapes, méthodes et résultats*

Étapes	Méthodes, moyens	Résultats
Appel d'offre ou marché négocié	Prospection Exploitation du fichier des clients Consultation des appels d'offres	Réception d'une demande de client
Analyse du besoin client	Analyse fonctionnelle Analyse de la valeur Techniques d'écoute et d'entretien	Cadre logique Cahier des charges fonctionnel
Structuration de l'affaire	WBS, OBS, RBS[a]	Organigramme des tâches Lotissement de l'offre
Prévision des délais	PERT, MPM, CPM[b] Gantt	Planning prévisionnel
Prévision des moyens	Affectation des ressources Lissage et nivellement des ressources	Plan de charge
Élaboration du coût	Méthodes d'estimation Base de données des coûts internes Pré consultation des partenaires Analyse des incertitudes	Dossier technico-économique
Construction du prix de vente	Échéancier dépenses/recettes Plan de trésorerie prévisionnelle	Proposition financière
Rédaction	Techniques de rédaction Traitement de texte	Proposition technique et commerciale
Négociation	Préparation de la négociation Validation des conditions techniques, économiques et juridiques Techniques de négociation	Contrat

a. WBS : Work Breakdown Structure, OBS : Organization Breakdown Structure, RBS : Resources Breakdown Structure.
b. PERT : Program Evaluation and Review Technique (ou Pour Éviter les Retards Traditionnels), MPM : Méthode des Potentiels Metra, CPM : Critical Path Method, Gantt : diagramme à barres du nom de Monsieur Henry Gantt.

Chacune de ces étapes sera décrite plus précisément dans les chapitres suivants.

La chance n'existe pas ; ce que vous appelez chance, c'est l'attention aux détails (W. Churchill).

4. Piloter l'affaire

Pendant le déroulement de l'affaire, le chargé d'affaire pilote la mise en œuvre des moyens pour atteindre les objectifs techniques et économiques définis dans le contrat.

La visibilité de l'affaire est donnée par les tableaux de bord dont il doit assurer la mise à jour régulière. Ces tableaux de bord doivent comporter les informations juste nécessaires à la prise de décision.

De la qualité de la préparation dépend le style de management adopté par le chargé d'affaire... et souvent la qualité de la préparation est une conséquence de ce style de management. Certains ne peuvent vivre sans ce stress quasi permanent entraîné par l'accumulation (bien naturelle selon la loi de Murphy) des problèmes. Une débauche superflue d'énergie est dépensée à la résolution de problèmes prévisibles, et dont les solutions peuvent souvent être préventives.

J'aurai tendance à préférer l'anticipation à la réactivité, pour stimulante que soit cette dernière, considérant que l'heure tardive de départ du bureau n'est pas un critère de la performance du chargé d'affaire.

5. Le bilan

L'affaire terminée, on fait les comptes qui permettent d'évaluer la rentabilité de l'affaire par rapport aux objectifs, opération possible à condition de disposer des données de départ et de celles d'arrivée, ce qui n'est pas toujours le cas.

Les informations recueillies sur l'affaire enrichiront le système d'information de l'entreprise, dans le but de fiabiliser les prévisions pour les futures affaires, de capitaliser le savoir-faire interne et de permettre la transmission de l'expérience des chargés d'affaire.

En fonction de l'organisation de l'entreprise, le rôle du chargé d'affaire peut varier, notamment concernant son implication lors des différentes phases de l'affaire.

Ne pas avoir de méthode est mauvais, rester entièrement dans la méthode est pire encore (Lao Tseu).

Chapitre 5

ANALYSE DU BESOIN DU CLIENT

EN RÉSUMÉ...

L'affaire ayant pour objectif premier de répondre au besoin d'un client, cette phase précédera les autres.

La tentation est grande de penser à une solution avant de décrire le problème.

Des méthodes, telles que l'analyse fonctionnelle, l'analyse de la valeur, des techniques d'écoute en entretien, de conduite de réunion d'expression, aideront à construire le cahier des charges fonctionnel, produit tangible de fin de phase.

Les fonctions décrites dans le cahier des charges fonctionnel comprendront, au-delà de leur description littérale, des spécifications de performance mesurables permettant d'en prononcer la recette lors de la livraison au client. On y attache les notions de critères, de niveau, de limite d'acceptation et de taux d'usage.

On s'efforce, au-delà de la description fonctionnelle du système à produire, d'analyser l'environnement de l'affaire chez le client, dans le but de détecter, le plus tôt possible, les freins, les contraintes, ou les atouts pour le déroulement de l'affaire. Cette analyse peut porter sur les aspects techniques, mais aussi humains et sociaux de l'environnement.

Cette étape d'analyse a pour but de décrire le système à fournir en termes de résultats à atteindre et non de moyens à mettre en œuvre ou de fourniture à assurer. Au-delà de l'étude strictement fonctionnelle, le chargé d'affaire doit analyser le système dans son futur environnement, afin de détecter les contraintes, les freins ou les leviers éventuels liés à la mise en œuvre du système.

1. Le cadre logique

Le cadre logique (Rosenberg et Posner) est un outil de réflexion sur les buts et les finalités d'un projet. Il est utilisé par de nombreuses entreprises et institutions telles EDF-GDF, Hydro-Québec, l'ONF, etc. Le cadre logique a été modifié à maintes reprises lors de son appropriation par les différents utilisateurs ; nous présentons notre propre adaptation, simplifiée mais pratique. La vertu du cadre logique est de nous inciter à nous interroger sur l'utilité du projet, notamment pour le client. Quel bénéfice en attend-il ? Quel retour sur investissement ? Par ailleurs, il constitue un bon début pour l'analyse des risques (conditions critiques) et c'est un excellent référentiel tout au long de l'affaire. Lorsqu'on aura une décision à prendre susceptible d'infléchir le cours de l'affaire, la consultation du cadre logique permettra de ne pas perdre de vue les objectifs généraux de l'affaire et d'éviter ainsi les divergences avec le projet de départ.

Comment le construire

Pas seul ; un travail de groupe est profitable dans la mesure où il permettra de partager les représentations que chacun se fait de l'affaire. On remplira d'abord la colonne « Résumé narratif », puis, l'ordre étant indifférent, les colonnes suivantes. Si la recherche d'indicateurs vérifiables est trop ardue, il est probable que le but a été mal énoncé. Il faut donc le reformuler de sorte qu'il soit vérifiable en fin d'affaire.

Le cas exposé ci-après a été réalisé à partir d'un « énoncé » succinct qui a présidé au montage d'une affaire.

> *Le Smash Club, association soumise à la loi de 1901, gère depuis 8 ans le club de tennis de Coulant sur Brie, petit village de 3000 habitants.*
>
> *Le Smash Club reçoit de la part de la municipalité une subvention d'environ 2000 € par an. La commune ne disposant pas d'installations sportives, le club loue des courts au village voisin.*
>
> *Dans le cadre du plan d'urbanisme communal, le Conseil municipal incite vivement le Smash Club à développer une infrastructure tennistique (courts de tennis en Quick, buvette) pour les membres du Club et les administrés.*
>
> *Le Smash Club gérerait cette nouvelle installation, et bénéficierait d'une augmentation de la subvention communale.*

La raison peut nous avertir de ce qu'il faut éviter ; l'intuition seule nous dit ce qu'il faut faire (J. Joubert).

Dans quel but ?

	Résumé narratif	**Indicateurs vérifiables**	**Moyens de mesure**	**Conditions critiques**
Finalité	Augmenter le nombre d'adhérents du club Créer un lieu d'échanges dans la commune	Nombre de nouvelles adhésions Fréquentation des non pratiquants	Secrétariat du club Chiffre d'affaires de la buvette	Projets régionaux
Buts	Permettre aux membres du club de pratiquer leur sport à proximité de chez eux Favoriser la pratique du tennis Accueillir d'autres pratiquants (scolaires)	Taux d'occupation des courts Disponibilité des courts (temps d'attente) Nombre de joueurs non pratiquants	Registre d'occupation Sondage qualité annuel	Créations d'installations concurrentes voisines Implantation d'un site indésirable à proximité (usine, déchetterie)
Extrants	Infrastructure tennistique Buvette, parking Informatique de réservation	Mise à disposition des installations	Recette des installations Agrément FFT	Changement des normes FFT Création de nouveaux revêtements de courts
Intrants	Terrain Partenariat avec la commune Constructeur	Permis DDE Financement Devis ou contrat		

Par quels moyens ?

Ce n'est pas le but qui est intéressant, ce sont les moyens pour y parvenir (G. Braque).

2. Le projet : du besoin au produit

Le premier objectif d'un projet étant de répondre à un besoin, on tentera tout au long du projet de limiter les écarts d'une étape à l'autre.

Extrait du guide méthodologique Dassault-Aviation

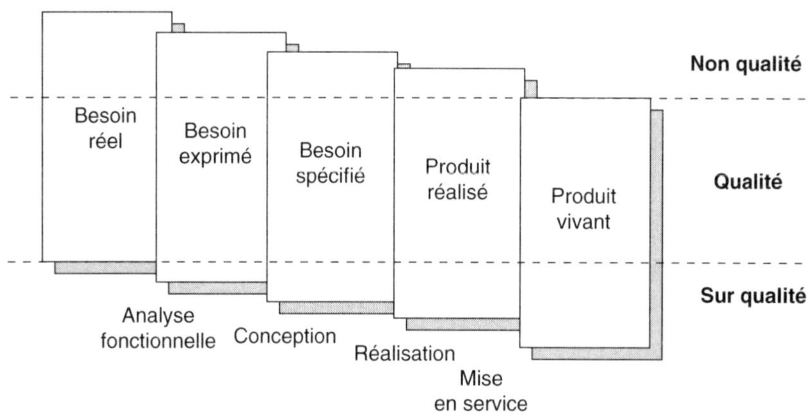

Besoin réel : le besoin est à l'état « latent ». Ce besoin, défini par l'AFNOR comme « le désir ou la nécessité éprouvé par un utilisateur, exprimé ou non », ne sera en fait jamais connu, puisque par définition trahi dès qu'exprimé.

Besoin exprimé : le besoin dans cet état est porté par une personne physique ou morale. Cela traduit la jonction d'une demande avec une opportunité économique. On peut considérer que l'aboutissement de l'expression est le Cahier des Charges Fonctionnel (CdCF).

Besoin spécifié : c'est la traduction du besoin fonctionnel, compréhensible par l'utilisateur, en cahier des charges technique à destination du réalisateur ; parfois appelé Cahier des Clauses Techniques Particulières (CCTP).

Produit réalisé : c'est la matérialisation du besoin.

Produit vivant : le produit est « plongé » dans son environnement d'exploitation, comprenant les moyens d'utilisation et de maintenance.

Il n'est de pire gaspillage que de bien faire quelque chose qu'il n'aurait simplement pas fallu faire (P. Drucker).

3. L'analyse fonctionnelle

On désignera par système l'ensemble des produits et services à fournir au client pour répondre au besoin.

L'analyse fonctionnelle vise à décrire les fonctions attendues du système, pour lequel le client a formulé une mission générale. On peut distinguer trois types de fonctions :

– *les fonctions principales :* elles rendent un service à l'utilisateur et leur défaut peut remettre en question la mission générale du système ; ces fonctions doivent être fournies ;

– *les fonctions secondaires :* elles apportent un service à l'utilisateur mais leur défaut ne remet pas en question la mission du système ;

– *les fonctions contraintes :* elles n'apportent pas de service à leur utilisateur et leur absence remet en cause la mission générale.

Il peut sembler curieux de développer des fonctions ne rendant aucun service. Il s'agit de fonctions dont la nécessité est liée à la conception du système et à la technologie employée. Par exemple, l'alimentation électrique de mon téléviseur ne me rend aucun service, mais reste indispensable dans l'état actuel de nos connaissances.

Les fonctions décrites doivent pouvoir être évaluées et leur recette prononcée sur une appréciation objective. Une fonction sera énoncée avec les caractéristiques suivantes :

– le *libellé* qui décrit littéralement la fonction ; par exemple « le véhicule devra être rapide » ;

– le *critère* qui permet d'apprécier la manière dont une fonction est remplie ou une contrainte respectée ; par exemple en mesurant la vitesse maximum en kilomètre/heure ;

– le *niveau* qui est la grandeur mesurable attendue pour le critère ; par exemple 150 km/h ;

– une *limite d'acceptation* qui représente le niveau limite au-delà ou en deçà duquel la solution est inacceptable ; par exemple la vitesse maximum ne doit pas être inférieure à 145 km/h ;

– la *tolérance* qui décrit une variation acceptable du niveau requis ; par exemple plus ou moins 2 km/h ;

– le *taux d'usage* qui décrit le prix que le client est prêt à payer en supplément du prix de base pour une amélioration de la performance de la fonction ; par exemple 10 000 € par km/h au-delà de 150 km/h.

Les fonctions principales et les fonctions contraintes devront impérativement être développées. Les fonctions secondaires peuvent être la base de négociations, notamment lorsque le budget du client ne lui permet pas de faire développer l'ensemble des fonctions décrites. Une méthode de

---

Il n'est pas de vent favorable pour celui qui ne sait où il va (Sénèque).

choix des fonctions secondaires à conserver consiste à donner au client un budget de points qu'il aura à répartir sur les fonctions secondaires en fonction de la valeur du service rendu par chaque fonction. Une évaluation du coût de développement de chaque fonction permettra alors, avec le client, de retenir les fonctions secondaires dont la valeur de service est la plus grande et le coût de développement le plus faible.

4. Le cahier des charges fonctionnel

Le cahier des charges fonctionnel est le document élaboré à l'issue de l'analyse fonctionnelle. Il doit comporter les spécifications fonctionnelles et de performance du système à fournir. La rédaction du cahier des charges est truffée de pièges. Parmi les causes d'erreurs, notons :

– les ambiguïtés propres à l'utilisation du langage ;

– la qualité relative de l'écoute lors des entretiens avec le client ;

– notre tendance à penser trop vite en termes de solutions, à partir de ce que l'on sait faire ;

– les difficultés à traduire des objectifs parfois antagonistes venant de différents acteurs chez le client.

On peut identifier les défauts les plus courants trouvés dans les cahiers des charges, que j'appellerai les sept péchés capitaux du spécificateur :

– le bruit : élément du texte n'apportant d'information sur aucune caractéristique du problème ;

– le silence : caractéristique du problème à laquelle ne correspond aucun élément du texte ;

– la sur-spécification : élément du texte correspondant à une caractéristique non pas du problème mais d'une solution possible ;

– la contradiction : éléments du texte définissant de façon incompatible une même caractéristique du problème ;

– l'ambiguïté : élément du texte permettant de comprendre une caractéristique du problème de deux façons différentes ;

– la référence en avant : élément du texte utilisant une caractéristique du problème définie plus loin dans le texte ;

– le vœu pieu : élément du texte décrivant une caractéristique du problème de telle façon qu'il sera impossible de valider une solution éventuelle.

Le processus de l'analyse fonctionnelle et l'élaboration du cahier des charges fonctionnel sont décrits dans les normes AFNOR X 50-150 et suivantes.

La nature ne fait pas de bonds : l'industrie non plus (A. Detœuf).

5. Analyse de l'environnement

En marge du cahier des charges fonctionnel, on analyse le contexte de l'acquisition du système par le client. Cette analyse prend en compte les aspects humains, organisationnels, sociaux, qu'implique la mise en œuvre du système. L'observation de ce contexte révèle d'éventuelles difficultés à attendre lors de l'affaire, telles que des réticences des personnels utilisateurs, des changements d'organisation nécessaires, des blocages avec les partenaires sociaux, l'évolution des métiers et des compétences, etc.

Qui n'a pas vécu, dans sa propre entreprise, l'arrivée massive de l'informatique comme un traumatisme profond, source de progrès pour certains, induisant craintes et blocages pour beaucoup. Combien de systèmes informatiques ont été implantés dans des structures inadaptées et confiés à des personnels mal préparés et peu formés à cette « révolution » du travail. Si les fournisseurs d'ordinateurs et de logiciels étaient jugés sur l'atteinte des objectifs de l'entreprise et non sur la stricte conformité d'une livraison à une commande, nombre d'entre eux n'existeraient plus aujourd'hui. On peut considérer que c'est au client de mener cette analyse mais il est probable que le « devoir de conseil » doit désormais être davantage respecté par les fournisseurs.

Écrire quelque chose est le premier geste à accomplir pour le faire arriver (L. Iacocca).

Chapitre 6

STRUCTURER L'AFFAIRE

EN RÉSUMÉ...

Structurer l'affaire est nécessaire au-delà d'un certain niveau de complexité.

Le découpage par la technique du WBS, ou organigramme des tâches, a pour objet de donner à l'affaire une visibilité, tant globale que détaillée, partageable avec l'ensemble des acteurs.

La structuration en lots de travail permet l'identification claire des responsabilités par lot, ainsi que la délégation des missions de gestion des coûts et des délais au bon niveau.

À chaque lot de travail seront attachés les tâches à effectuer pour réaliser le lot et les coûts associés.

La structuration peut être faite sur plusieurs critères : objets constituant le système, corps de métiers ou phases.

Afin de faciliter les travaux de planification, d'élaboration du coût et de pilotage, on peut découper l'affaire en lots.

1. Principes de structuration

On structure l'affaire à l'aide de la technique du WBS (Work Breakdown Structure), traduit en français par organigramme technique ou organigramme des tâches. Suivant le type d'affaire, le découpage est effectué selon des critères différents.

Schéma 1. – *Organigramme technique : découpage physique*

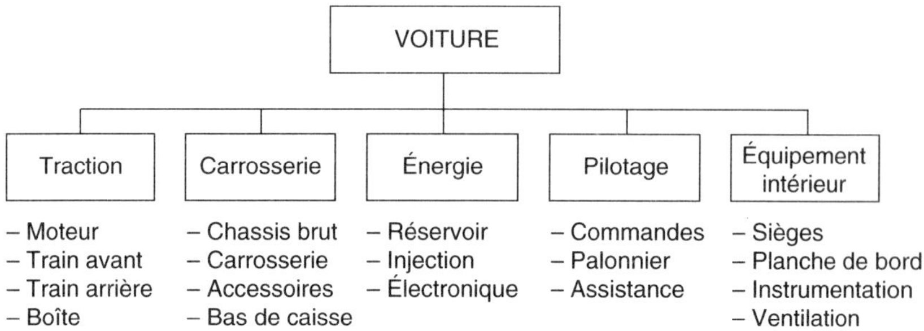

Schéma 2. – *Organigramme technique : découpage par corps de métiers*

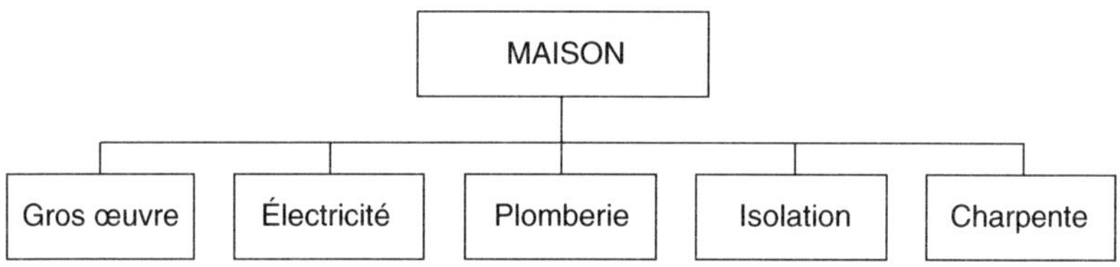

Schéma 3. – *Organigramme technique : découpage par phases*

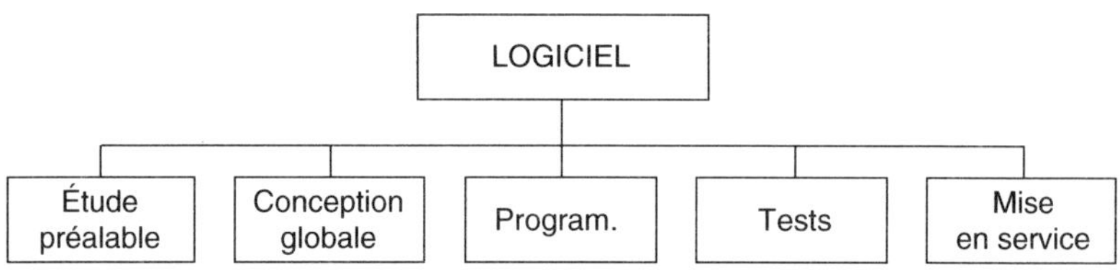

Chaque élément de l'organigramme technique est appelé lot de travail (en anglais *work package* : WP).

L'organigramme technique définitif est souvent une combinaison de différents modes de découpage.

Il faut tenter d'élaborer le découpage le plus proche de la façon de piloter l'affaire. L'organigramme des tâches doit vous aider à conduire l'affaire et ne pas vous empêcher de dormir. On essaye, lorsqu'on recense les activités et les contraintes techniques entre activités, d'avoir le minimum d'interfaces entre les lots de travail. On peut tenir compte également de l'organisation du client afin de mettre en œuvre un découpage interne qui facilite les relations avec celui-ci.

Choisir, donc exclure (H. Bergson).

Vous pouvez rencontrer, dans la littérature ou au sein de différentes entreprises, des définitions et des mises en pratique très diverses du découpage par WBS. Les modèles que je vous propose sont à dessein simplifiés, mais conviendront à la structuration d'affaires « à taille humaine ».

2. Les caractéristiques d'un lot de travail

– Chaque lot de travail est unique dans l'organigramme technique. Il est identifié par un code.

– Chaque lot de travail est piloté par un unique responsable.

– Pour chaque lot de travail, on dresse la liste complète des tâches, leurs durées, les enchaînements logiques entre ces tâches, les interfaces avec les autres lots de travail.

– Les coûts sont évalués par lot de travail. Ils sont consolidés au niveau de l'affaire.

– Les partenaires sont identifiés pour chaque lot de travail.

3. Les avantages de la structuration

La structuration de l'affaire donne au chargé d'affaire, à l'ensemble des contributeurs internes ou externes, et au client une visibilité commune. Cette communauté de lecture de l'affaire facilite la gestion, l'administration et le pilotage de l'affaire.

3.1. Avant le développement de l'affaire

L'organigramme des tâches permet :

– de découper l'affaire par niveau en lots de travail ;

– de codifier les lots de travail ;

– d'affecter les lots de travail aux responsables de la technique, du coût, du délai ;

– de supporter la définition des sous-réseaux PERT, de leurs interfaces et des étapes clefs.

3.2. Pendant le développement de l'affaire

L'organigramme des tâches a deux avantages :

– il permet de réaliser des synthèses délais-dépenses au niveau de chaque lot de travail, de chaque sous-système et du système dans son ensemble à partir des informations en provenance des tâches élémentaires ;

Ne confiez jamais à une unité plus grande ce qui peut être fait par une unité plus petite (D. Moynihan).

– il permet d'orienter les informations sur les personnes concernées et facilite le classement des documents.

3.3. Après la fin de l'affaire

L'organigramme des tâches permet :

– de comparer le coût des lots de travail pour des affaires analogues (création d'une banque de données) ;

– de tirer des enseignements statistiques pour les futures affaires.

D'une façon générale, structurer l'affaire facilite la délégation, chaque responsable de lot de travail prenant en charge non seulement la technique mais aussi la planification et le suivi économique de son lot.

On progresse toujours vers de nouvelles erreurs.

Chapitre 7

PLANIFIER

EN RÉSUMÉ...

La planification, mal nécessaire pensent certains, permet d'évaluer la durée globale de l'affaire et le chemin critique auquel on portera une attention particulière lors du pilotage.

Après avoir listé toutes les activités, on identifie les liens techniques entre ces activités et on estime la durée de chacune d'elles.

On construit le réseau PERT afin de calculer les dates de début et de fin de chaque activité, ainsi que les marges libres et totales.

Le diagramme de Gantt est une représentation visuelle du planning, plus utilisée en réunion que le réseau PERT.

Après avoir affecté aux activités les ressources nécessaires à leur exécution, on construit, pour chaque catégorie de ressource, l'histogramme de charge.

On compare les ressources nécessaires aux ressources disponibles et on résout les conflits de ressources. Le lissage de charges, qui consiste à considérer la date de fin de projet comme bloquée, peut ne pas résoudre tous les conflits. Lorsque les ressources sont plafonnées, on utilise le nivellement des charges, quitte à décaler la date de fin de l'affaire.

Toutes ces opérations sont largement facilitées par l'utilisation des outils informatiques de planification aujourd'hui sur le marché, mais il est indispensable de connaître les principes de la planification pour bien utiliser ces outils.

La planification doit permettre de déterminer le délai global de l'affaire et d'en évaluer la faisabilité par rapport aux objectifs du client. La présentation d'un planning est de plus en plus souvent exigée par les clients qui imposent même parfois une méthode particulière.

1. Les méthodes de planification

La plus connue est le PERT, Program Evaluation and Review Task ou, en français, Pour Éviter les Retards Traditionnels. Conçue à la demande du département de la Défense américaine à la fin des années quarante, la méthode PERT est couramment utilisée pour planifier des travaux industriels ou de bâtiment.

CPM, Critical Path Method, ou méthode du chemin critique fut un concurrent du PERT.

MPM, Méthode des Potentiels Metra, est une méthode française, ceci expliquant sans doute sa faible diffusion.

GANTT ne signifie pas Graphic Analysis by Network of Time and Tasks comme il m'est arrivé de l'entendre, mais porte le nom du créateur de la méthode dont le prénom est Henry. Henry Gantt travaillait chez FORD dans l'équipe de Frederick Taylor, au début du siècle dernier.

PERT et Gantt sont souvent opposées, à tort, car ce sont des méthodes complémentaires. Le PERT sert à faire les calculs, le Gantt à représenter graphiquement le planning. Nous utiliserons dans la suite de ce chapitre la méthode PERT.

2. Processus de planification

Le processus décrit est d'ordre méthodologique. L'utilisation d'outils informatiques de planification autorisera à confier certaines étapes à l'ordinateur. Chronologiquement, les étapes de la planification sont les suivantes :

- lister les activités ;
- définir les contraintes d'enchaînement ;
- déterminer les durées des activités ;
- tracer le réseau PERT ;
- calculer les dates et les marges ;
- identifier le chemin critique ;
- ajuster les délais ;
- établir le diagramme de Gantt ;
- équilibrer les charges de travail ;
- arrêter l'échéancier des travaux.

Le grand art, c'est de changer pendant la bataille. Malheur au général qui arrive au combat avec un système (Napoléon).

2.1. Lister les activités

Pour chaque lot de l'organigramme technique, on établit la liste exhaustive des activités qui seront à effectuer pour obtenir le résultat du lot. Ce travail est à faire en présence du responsable du lot.

Une activité doit avoir un début et une fin identifiables, elle doit produire un résultat tangible (document, matériel...).

De façon pratique, efforcez-vous :

- d'énoncer une tâche en commençant par un verbe d'action à l'infinitif ;
- de décrire l'activité en présence de son responsable ;
- d'utiliser un support de description standard (tableau 1).

On appelle événement, ou jalon, une tâche de durée nulle, souvent point de rencontre de différentes activités.

2.2. Définir les contraintes d'enchaînement

Pour chaque activité, on recherche par quelles autres activités elle doit être immédiatement précédée. Ces activités, dites immédiatement antérieures (IA), ou précédentes, ou encore ancêtres, peuvent appartenir au lot de travail de l'activité considérée ou à un autre lot.

Tableau 1. – *Tableau d'antériorités*

Codes	Tâche	Antérieures
A	Se lever	/
B	S'habiller	A
C	Petit-déjeuner	A
D	Se doucher	B

La tâche A est une tâche de début de projet, elle n'a pas d'antécédent. Il apparaît ce qu'on peut considérer comme une contrainte technique forte : se doucher avant de s'habiller. L'ordonnancement des autres tâches procède d'un choix arbitraire du « chef de projet ».

2.3. Déterminer les durées

On les détermine en consultant les responsables des activités ou les sous-traitants.

Les plans ne sont rien, c'est la planification qui compte (D. Eisenhower).

On tente d'apprécier l'incertitude sur les durées en questionnant largement les responsables. Il est possible d'obtenir de leur part trois informations :

– la durée réaliste (R) : c'est la première annoncée ;

– la durée optimiste (O) : correspond au délai minimum et à l'effort maximum pour l'atteindre ;

– la durée pessimiste (P) : cumul de tous les problèmes possibles.

Partant de ces durées, on peut calculer une durée moyenne pour l'activité :

$$m = (O + 4R + P)/6$$

Par exemple, à l'issue de la consultation de deux sous-traitants, on a obtenu :

	Optimiste	**Réaliste**	**Pessimiste**	**Moyenne**
Sous-traitant 1	8	12	15	11,8
Sous-traitant 2	10	12	18	12,7

Toutes choses égales par ailleurs, on retiendra plutôt le sous-traitant 1 sur le critère du délai. Une exploration peu approfondie des deux partenaires aurait donné une durée prévisionnelle de 12.

2.4. Tracer le réseau PERT

Tâches	**Antérieures**
A	/
B	A
C	A
D	B, C

Les tâches sont représentées par des boîtes, les flèches indiquant les contraintes d'antériorités entre les tâches.

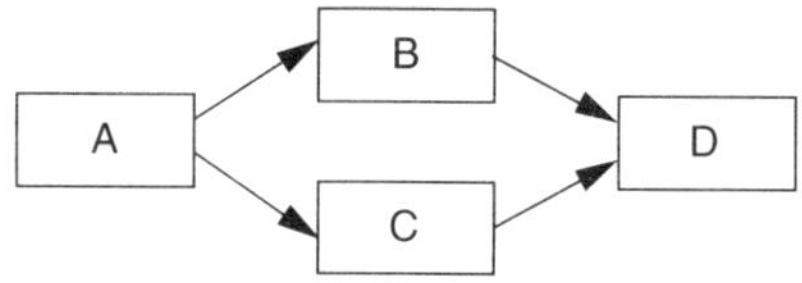

Ne pas prévoir, c'est déjà gémir (L. de Vinci).

On représentera une tâche A avec le symbolisme suivant (schéma 1) :

Schéma 1. – *Symbolisme PERT d'une tâche*

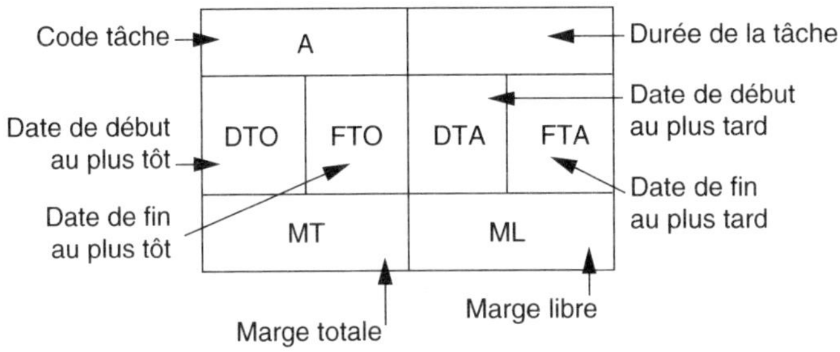

Toutes ces notions sont bien sûr expliquées dans la suite de ce chapitre.

2.4.3. Construction et calcul d'un réseau PERT

À partir du tableau d'antériorités suivant :

Tâches	Antérieures	Durées
A		8
B	/	3
C	/	5
D	C	5
E	A, D	5
F	C	3
G	B, F	6
H	C	8

1. Calculer les dates de début au plus tôt en parcourant le réseau d'amont en aval. Cette date est égale à la plus grande des dates de fin au plus tôt des tâches antérieures. La date de fin au plus tôt est la somme de la date de début au plus tôt de la tâche et de sa durée.

2. Calculer les dates de fin au plus tard en parcourant le réseau d'aval en amont. Cette date est égale à la plus petite des dates de début au plus tard des tâches suivantes. La date de début au plus tard est la différence entre la date de fin au plus tard de la tâche et sa durée.

Celui qui reste sur la berge est toujours un bon nageur (A. Rassim).

Schéma 3. – *Construction et calcul du réseau PERT-potentiel*

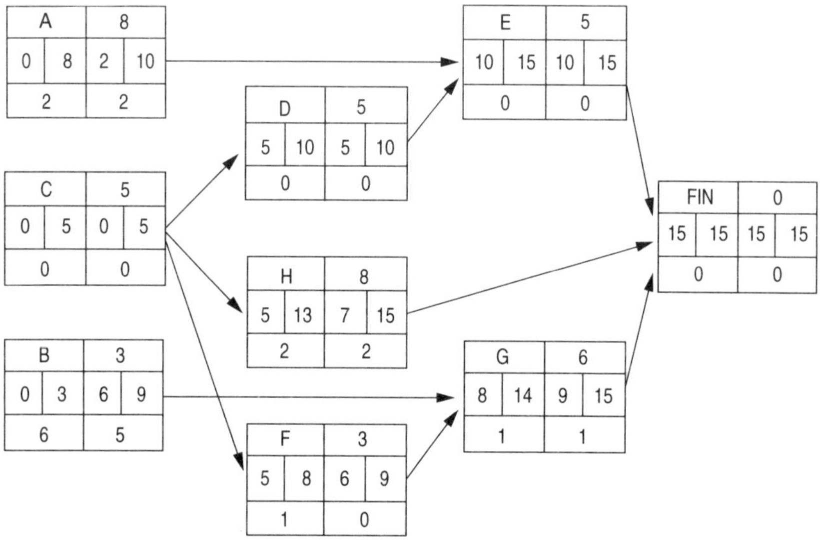

Le chemin critique est constitué des tâches C, D, et E.

3. Calculer les marges totales. Pour chaque tâche, la marge totale est égale à la différence entre la date de fin au plus tard et la date de fin au plus tôt.

4. Calculer les marges libres. La marge libre est égale à la différence entre la plus petite des dates de début au plus tôt des tâches suivantes et la date de fin au plus tôt de la tâche calculée.

5. Identifier le chemin critique. C'est l'ensemble des tâches consécutives, du début à la fin du réseau, dont les marges totales sont nulles. Il existe toujours au moins un chemin critique. Attention, il peut en cacher un autre.

Une attention particulière sera portée au chemin critique lors du pilotage de l'affaire, car toute dérive sur ce chemin génère un retard sur le délai global. Par ailleurs, c'est sur ce chemin qu'on recherchera l'optimisation du délai si nécessaire.

La connaissance du chemin critique permet également d'éviter le syndrome « Zébulon ». C'est le nom que je donne au comportement du chargé d'affaire dont le projet a pris du retard. Il a souvent tendance à sauter de bureau en bureau (d'où le nom tiré d'une célèbre série télévisée pour enfants), incitant chaque responsable de lot à réduire le délai, alors qu'il suffit que les responsables des lots impliqués sur le chemin critique accélèrent leur travail. Lorsqu'on sait que toute accélération génère un surcoût, on comprend que la prise en compte du chemin critique est aussi une mesure d'économie.

2.4.4. Les marges

Schéma 4. – *Calcul des marges dans un réseau PERT*

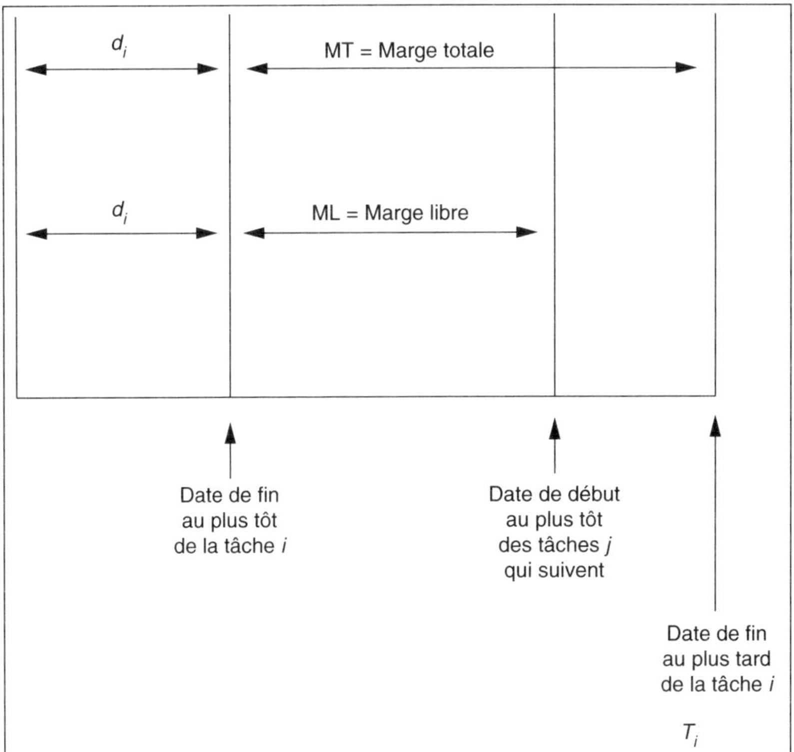

$MT_i = (T_i - t_i)$

$ML_i = \min\limits_{j}(r_j - t_i)$

$j = 1$ à n

n = nombre de tâches qui suivent la tâche i

Ceux qui comprennent ne comprennent pas qu'on ne comprenne pas (P. Valéry).

La marge totale est partagée par toutes les tâches du chemin critique. Elle représente la dérive de délai que l'on peut se permettre sur une tâche, qui obligerait les successeurs à commencer à leur date de début au plus tard, mais sans remettre en cause la date de fin du projet.

La marge libre est le délai que l'on peut consommer sur une tâche tout en permettant aux successeurs de commencer eux aussi au plus tôt. La marge libre est toujours inférieure ou au plus égale à la marge totale.

3. Le diagramme de Gantt

Au contraire du réseau PERT, le diagramme de Gantt, ou diagramme à barres, offre une visualisation des tâches dans le temps. C'est cette représentation qui est utilisée pour communiquer sur le planning. Le Gantt calé au plus tôt présente les tâches débutant au plus tôt, leurs marges éventuelles figurant à droite.

Graphique 1. – *Planning Gantt calé au plus tôt*

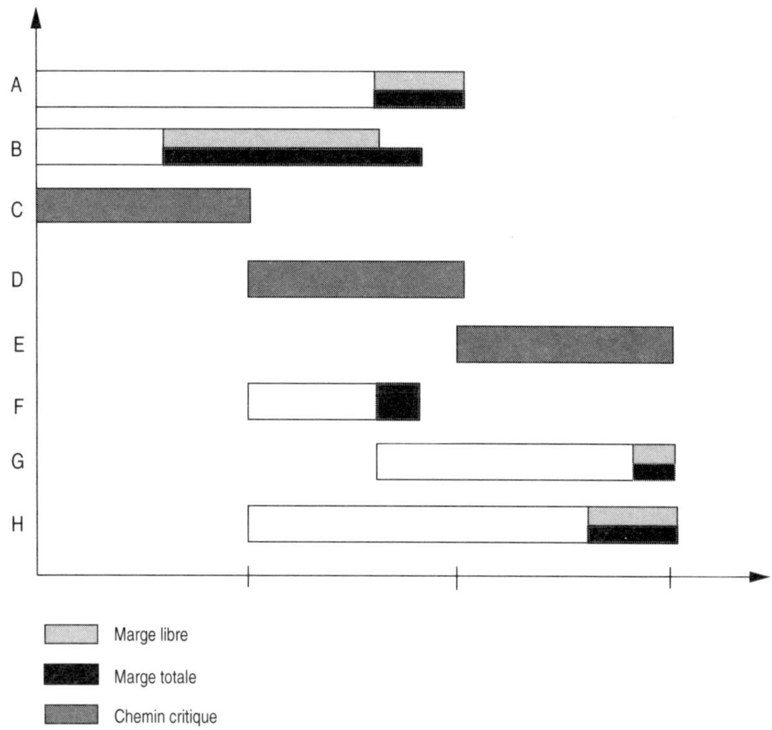

Il ne suffit pas de dire : je me suis trompé ; il faut dire comment on s'est trompé (C. Bernard).

4. La gestion des ressources

Pour établir le planning de l'affaire, les ressources nécessaires à la réalisation de chaque tâche doivent être affectées. La disponibilité des ressources obligera à modifier le planning initial, de façon que soient évités les conflits de ressources, c'est-à-dire les moments dans le projet où les ressources nécessaires sont supérieures aux ressources disponibles.

4.1. Mythe et réalité du mois x homme

L'erreur est souvent faite, notamment en informatique, de considérer la durée d'une activité comme inversement proportionnelle aux ressources que l'on est capable de mobiliser pour la réaliser.

Soit une tâche dont la charge de travail global est estimée à 100 jours × hommes. Si l'entreprise dispose de 10 personnes pour réaliser la tâche, sa durée sera de 10 jours. Si l'entreprise dispose de 100 personnes, la durée de la tâche est ramenée à 1 jour. Si au contraire l'entreprise ne peut mobiliser sur cette tâche que 1 personne, la durée passe à 100 jours. Dans la plupart des cas, ce raisonnement est erroné.

Il implique qu'hommes et mois soient interchangeables. Cette égalité n'est vraie qu'à deux conditions :

– que la tâche soit divisible en autant de sous-tâches qu'il y a de personnes pour l'accomplir ;

– que les sous-tâches ne nécessitent aucune communication ou relation entre les personnes qui en ont la charge.

Soit N le nombre de personnes impliquées. Chacune d'elles doit communiquer avec les N – 1 autres personnes. Le temps de communication nécessaire entre les acteurs d'une affaire croît comme le carré du nombre de personnes.

Le temps de travail peut diminuer avec l'augmentation du nombre de personnes. Cette diminution est rarement linéairement proportionnelle à la ressource affectée.

Elle connaît des effets de seuils techniques. Par exemple, une femme enceinte, au bout de neuf mois environ, produit un bébé, alors que neuf femmes enceintes pendant un mois ne produisent rien du tout.

Trois personnes en relation exigent trois fois plus d'intercommunications que deux. Cinq personnes en relation exigent dix fois plus d'intercommunications que deux. À l'expérience, le nombre optimum de personnes à coordonner par un même responsable pour réaliser un travail défini par un objectif à atteindre se situe dans une plage de 5 à 7 personnes.

On n'a jamais le temps de bien faire les choses, mais on a toujours le temps de les refaire (Loi de Meskiman).

Graphique 2. – *Mythe et réalité du mois × homme*

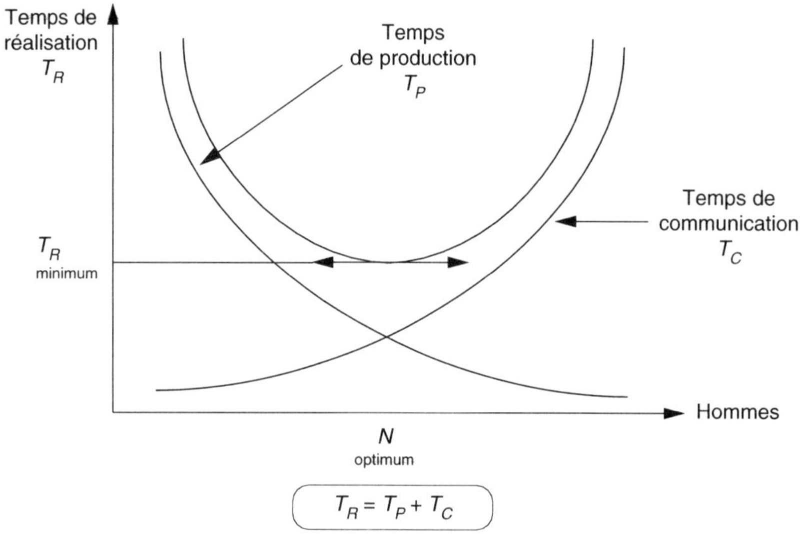

4.2. Plan de charge calé au plus tôt

Une fois construit le planning Gantt calé au plus tôt, on affecte les ressources aux activités. Le cumul des ressources affectées aux tâches par unité de temps permet d'obtenir l'histogramme des charges (graphique 3). Un histogramme doit être élaboré pour chaque catégorie de ressource.

Le graphique 3 indique une disponibilité de ressources dite simple, c'est-à-dire constante. Le cas le plus fréquent est une disponibilité de ressource complexe, variable au cours du temps.

Plus on dispose de temps pour réaliser un travail, plus ce travail prend précisément de temps (1re loi de Parkinson).

Graphique 3. – *Planning Gantt et histogramme de charge*

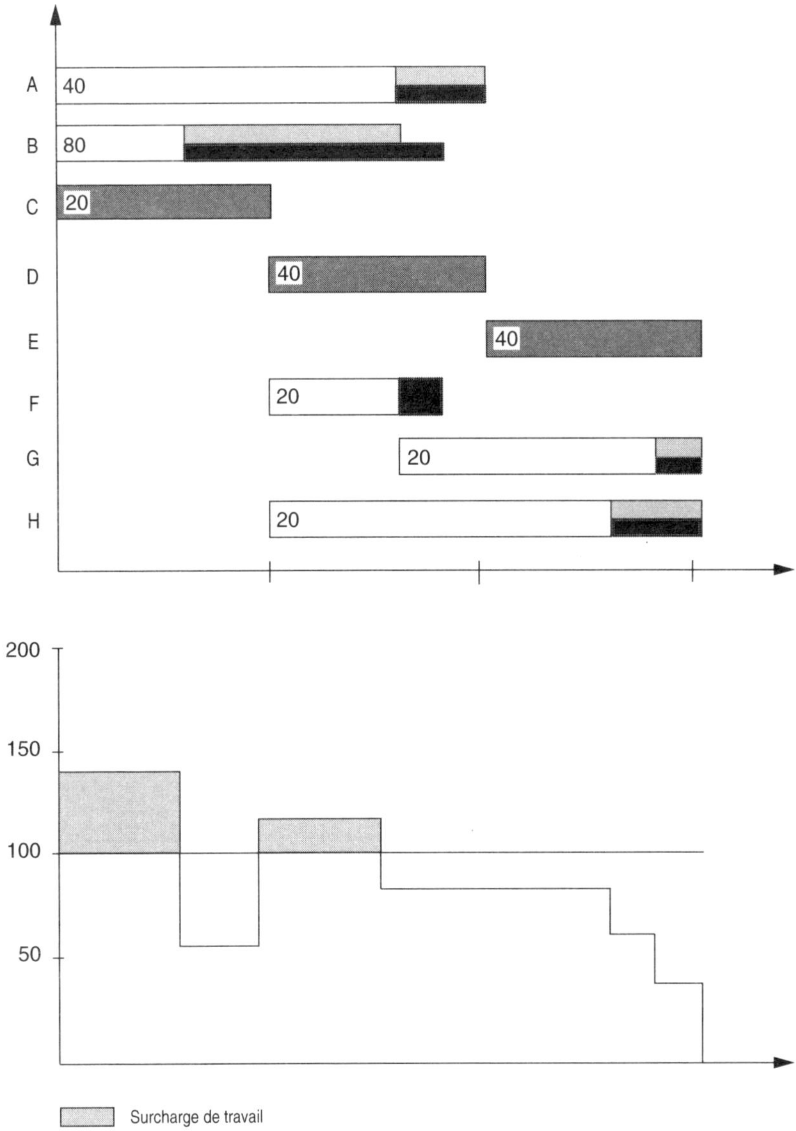

Les chiffres indiqués dans les tâches sont des charges en heures par semaine.

Quand à propos d'une idée, on dit qu'on est d'accord sur le principe, cela signifie que l'on n'a pas la moindre intention de la mettre à exécution (Bismarck).

4.3. Le lissage des ressources

Le lissage des charges consiste à décaler les tâches dans la limite de leurs marges, libre d'abord, totale ensuite si nécessaire, afin d'éliminer, dans la mesure du possible, les surcharges prévisionnelles liées au planning calculé au plus tôt. Le lissage des charges sous-entend un objectif de date de fin de projet bloqué, aussi n'élimine-t-il pas toutes les surcharges (graphique 4). Il faudra après lissage trouver les ressources nécessaires (embauche, sous-traitance, intérimaires).

Graphique 4. – *Lissage des charges*

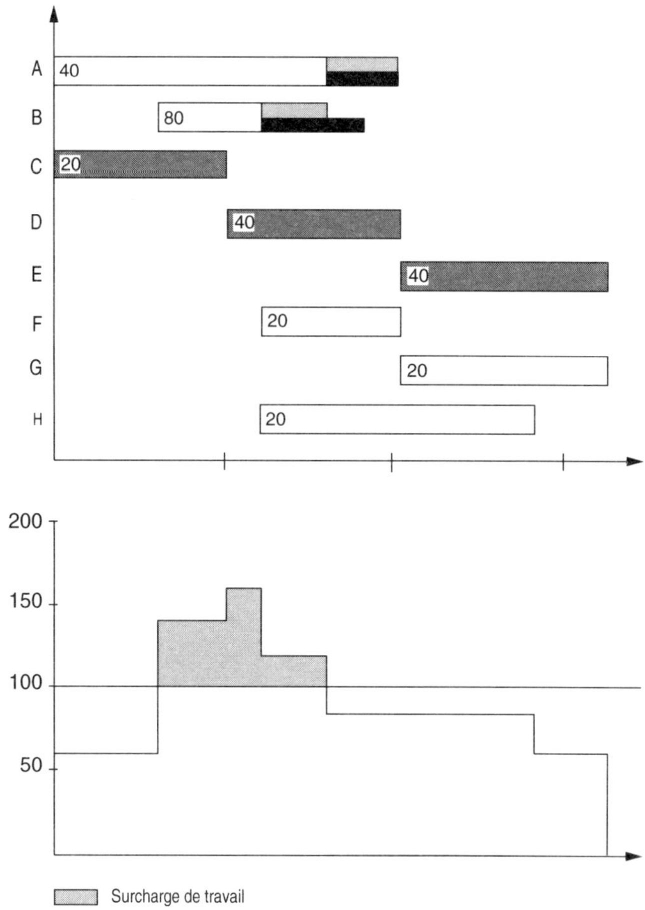

Tout gros mensonge a besoin d'un détail bien circonstancié, moyennant quoi il passe (P. Mérimée).

4.4 Le nivellement des ressources

On peut avoir la contrainte de travailler à ressources plafonnées. On doit alors décaler la fin du projet (graphique 5).

La date de fin de projet est maintenant de 18 et les ressources disponibles permettent d'assurer le travail à réaliser. À noter que le chemin critique a changé.

Graphique 5. – *Nivellement des ressources*

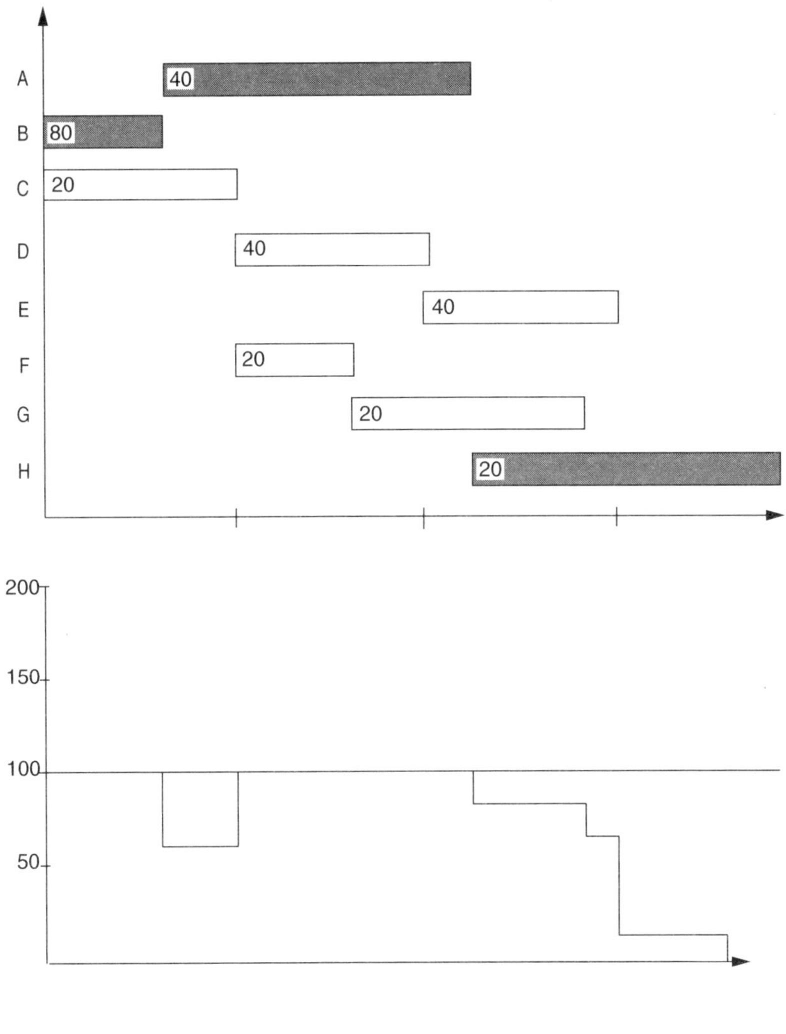

Rien ne marque tant le jugement solide d'un homme que de savoir choisir entre les grands inconvénients (Cardinal de Retz).

5. Les logiciels de planification

La plupart des logiciels destinés à la gestion de projet satisferont, au moins partiellement, aux besoins en traitement de l'information du chargé d'affaire. Ces logiciels peuvent être classés en trois catégories.

– Les produits légers sur micro-ordinateur, à usage individuel, peuvent paraître pauvres en fonctionnalités, mais sont souvent faciles d'accès. Leur prix peut se situer dans une fourchette de 150 à 500 euros.

– Les outils costauds sur micro-ordinateurs conviennent à une utilisation partagée par le biais des réseaux informatiques. Ils sont riches en fonctionnalités mais leur utilisation nécessite un apprentissage spécifique (cinq à dix jours de formation). Ils permettent de prendre en compte, au-delà de la planification, la gestion des ressources et des coûts associés.

– Les outils sur site central, souvent lourds, présentent l'avantage de permettre la centralisation des informations au sein d'une grande entreprise. Ils autorisent par ailleurs des liens avec le système de gestion de l'entreprise (comptabilité analytique, aide à la réalisation de devis, outils de calcul des coûts de revient, etc.).

Un logiciel de gestion du projet sur micro-ordinateur sera utilement complété des outils bureautiques qui devraient être utilisés au quotidien par les chargés d'affaires :

– le tableur pour les tableaux de bord et les simulations économiques ;

– le traitement de texte pour rédiger la proposition et gérer les documents liés à l'affaire ;

– un logiciel graphique pour illustrer les comptes-rendus, tant en interne que pour les clients.

Les prix ayant diminué sensiblement, il reste peu de raisons pour ne pas s'équiper d'un micro portable, si ce n'est le risque de travailler beaucoup à la maison au lieu de s'occuper des enfants, et c'est vraiment plus important... pour eux.

La plupart des logiciels sont mal pensés ou pas pensés du tout : en réalité, moins un programme a de fonctions, mieux ça vaut (Mitch Kapor).

Chapitre 8

ESTIMER LE COÛT DE L'AFFAIRE

EN RÉSUMÉ...

Le coût est estimé pour chaque lot de travail constituant l'organigramme des tâches. Une consolidation permet d'obtenir le coût de l'affaire.

Le coût est constitué de trois composantes : la main-d'œuvre, les débours constitués des achats et sous-traitances, les frais divers de vente comprenant les frais de déplacement, d'hébergement, de transport, d'assurance, etc.

On construit l'échéancier des dépenses en répartissant le coût sur le planning prévisionnel et on en détermine les indicateurs (courbe en S, tableaux de bord) qui seront utilisés lors du pilotage de l'affaire, au plan économique.

On s'appuie sur l'organigramme des tâches pour consolider les coûts des lots de travaux.

Le coût de revient complet d'un lot :

$$CR = MOD + DEBOURS + FDV$$

avec :

MOD = Main-d'Œuvre Directe ;
DEBOURS = Achats et sous-traitance ;
FDV = Frais Divers de Vente.

1. Coûts de main-d'œuvre

La grande difficulté consiste à déterminer le taux horaire, mais ce n'est pas la mission du chargé d'affaire, et le nombre d'heures de travail.

$$\text{MOD} = \sum_{i=1}^{c} H_i \times TH_i$$

avec :
C = nombre de catégories de ressources ;
H_i = nombre d'heures pour la catégorie i ;
TH_i = taux horaire hors marge de la catégorie i.

Le taux horaire hors marge intègre tous les frais (salaire + charges sociales + frais de structure + frais généraux) que l'entreprise souhaite imputer au travail. Vendre à ce prix doit garantir à l'entreprise l'atteinte de son point mort (marge nulle) si elle ne vend que de la main-d'œuvre.

2. Achats

Les informations sont recueillies par consultations des fournisseurs et sous-traitants ou du service des achats. La fiabilité des informations croît avec le temps de préparation accordé à l'affaire.

$$\text{DEBOURS} = (ST + AC) \times \text{Cap}$$

avec :
ST = sous-traitance ;
AC = achats ;
Cap = coefficient d'approvisionnement.

Le coefficient d'approvisionnement peut revêtir deux significations différentes. Il peut représenter une provision pour risque de perte, casse, déchet ; dans ce cas, il ne sera pas systématiquement dépensé en cours d'affaire. Il peut aussi représenter la rémunération du service achat de l'entreprise, qui négocie et gère les achats.

3. Frais divers de vente

Ils sont constitués des frais de déplacement, d'hébergement, de transport, d'assurance, de douanes, propres à l'affaire. Ils sont rarement négligeables et parfois importants.

Au fond d'un trou ou d'un puits, il arrive qu'on aperçoive les étoiles (Aristote).

4. L'estimation des coûts en projet

C'est une démarche qui consiste à donner, à l'avance, une valeur approximative de ce que va être le coût final d'un projet. En d'autres termes, le coût de l'ensemble des ressources, au sens large, nécessaires à la réalisation du projet.

Cette démarche se fait principalement en phase d'avant projet, et évolue progressivement pendant cette phase pour affiner le résultat et réduire les marges d'erreur. Trois méthodes peuvent être utilisées successivement lors des premières phases du projet.

Estimation analogique

C'est le préalable à toute décision en projet, notamment celle d'accepter ou de refuser l'idée du projet. Elle procède d'une transposition (mentale ou assistée par un outil) à partir du coût d'un projet équivalent déjà réalisé dans des conditions comparables, vers le nouveau projet. Sa marge d'incertitude est relativement élevée et peut atteindre 40 à 50 %. C'est une démarche descendante top-down.

Elle est nécessaire, car elle permet de valider l'idée du projet et sert à en élaborer l'enveloppe budgétaire globale.

Estimation paramétrique

L'intensité de l'activité économique, et par conséquent les projets, fournit des éléments statistiques non négligeables qui permettent de calculer le coût d'un projet à partir de son morcellement en unités uniformes (les paramètres).

Un constructeur immobilier, par exemple, connaît avec une précision qui ne se dément pas, le coût unitaire du m^2 habitable des maisons qu'il construit. De la même manière, le réseau ferré de France sait estimer le projet d'une nouvelle ligne ferroviaire à partir du coût du km linéaire dans une zone géographique donnée.

Ces paramètres sont régulièrement publiés dans des éditions spécialisées par secteur industriel.

L'estimation paramétrique permet de valider les procédures, la technique, et aide à élaborer un budget préliminaire (ou modulaire) avec une marge d'incertitude qui va de 10 à 25 %. C'est une démarche descendante top-down.

L'estimation analytique

C'est la plus précise des méthodes d'estimation, car elle s'appuie sur les travaux préparatifs en projet, notamment la planification détaillée des

---

Ceux qui ne peuvent se rappeler le passé sont condamnés à le répéter (G. Santayana).

tâches. La démarche analytique traite chaque tâche séparément en définissant son coût de revient composé de :

– la main-d'œuvre directe ;
– les achats et les approvisionnements ;
– les frais divers.

Cela donne une estimation plus précise qui correspond aux plannings d'exécution et permet de fixer de façon définitive le budget initial du projet. Ce budget est directement utilisé par le coûteneur (technicien en charge du contrôle des coûts du projet). L'estimation analytique est une démarche ascendante bottom-up, parfois appelée « base zéro ».

Schéma 1. – *L'évolution de l'estimation en avant projet*

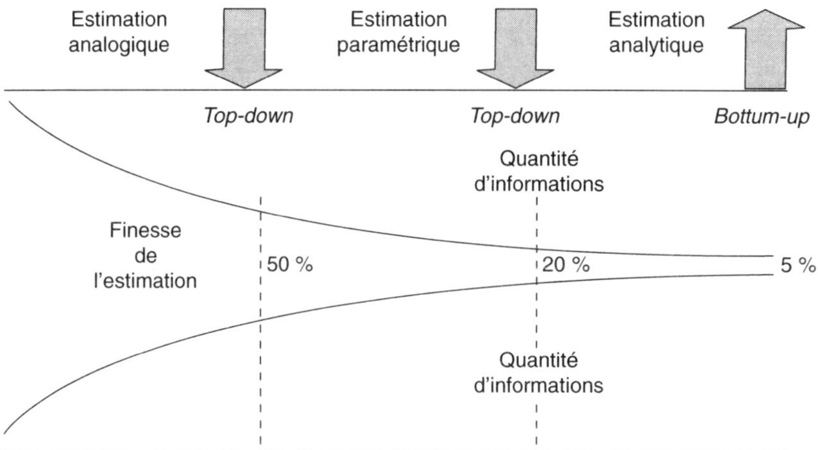

En fonction du niveau de confiance que l'on porte à l'estimation au moment de la contractualisation, on s'oriente vers la conclusion de contrats de natures différentes : forfait, dépenses contrôlées, régie, etc.

5. L'échéancier des dépenses

On construit la courbe en S en cumulant les dépenses prévues pour chaque période, à partir du diagramme de Gantt.

Même une décision juste est mauvaise si elle a été prise trop tard (Lee Iacocca).

Graphique 1. – *Construction de la courbe en S*

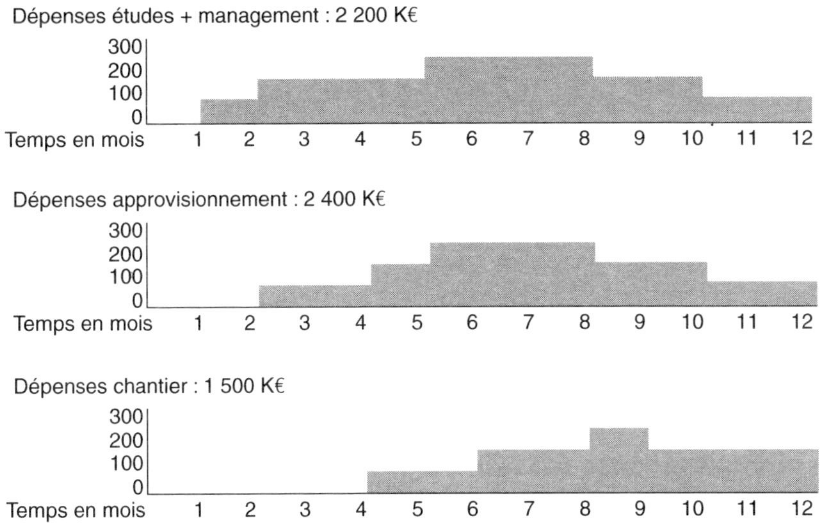

Total mensuel	0	100	300	300	500	700	800	800	700	600	400	400
Cumul dépenses	0	100	400	700	1 200	1 900	2 700	3 500	4 200	4 800	5 200	5 600

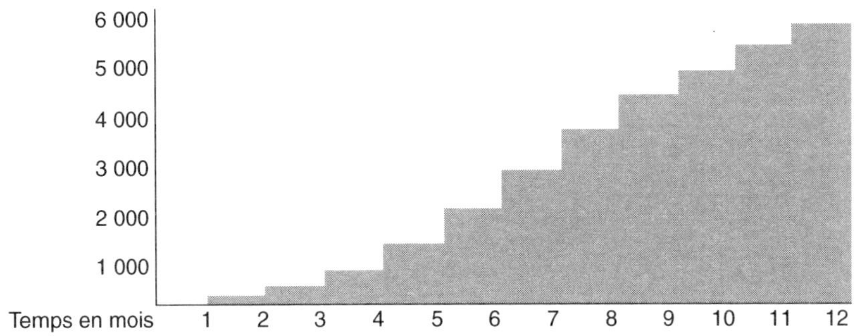

6. Tableaux de bord et indicateurs

Les tableaux de bord sont mis en œuvre lors de la phase de préparation. Ils seront exploités pendant le déroulement de l'affaire. Le pilotage est basé sur la mesure permanente des budgets réalisés par rapport aux prévisions initiales, toujours en rapportant, à une date donnée, l'effort financier accompli à l'avancement technique constaté. Chaque point de contrôle de l'affaire devra permettre de faire une nouvelle prévision à fin d'affaire.

Être compétent, c'est se tromper selon les règles (P. Valéry).

Tableau 1. – *Prévision et contrôle des coûts d'un lot pour une période*

Postes	Coûts pour la période				Coûts cumulés				Pour finir		Nouvelle prévision
	Prévu		Réalisé		Prévu		Réalisé				
Main-d'œuvre	**Heures**	**Montant**	**Heures**	**Montant**	**Heures**	**Montant**	**Heures**	**Montant**	**Heures**	**Montant**	**Montant**
– Ingénieurs – Projeteurs – Techniciens TOTAL											
Débours – Achat – Sous-traitance TOTAL											
Frais divers – Déplacements – Transport – Assurance TOTAL											
TOTAL GÉNÉRAL											
À renseigner :	*avant l'affaire*		*en fin de période*		*avant l'affaire*		*en fin de période*		*en fin de période*		*en fin de période*

L'homme qui met tout son travail et toute son imagination à offrir le plus pour un dollar, plutôt que le moins, est condamné à réussir (H. Ford).

Tableau 2. – *Prévision et contrôle des coûts de l'affaire pour une période*

Lots	Coûts pour la période		Coûts cumulés		Pour finir	Nouvelle prévision
	Prévu	**Réalisé**	**Prévu**	**Réalisé**		
N° : Resp. :						
N° : Resp. :						
N° : Resp. :						
N° : Resp. :						
N° : Resp. :						
N° : Resp. :						
TOTAL						
Management						
TOTAL GÉNÉRAL						
À renseigner :	*avant l'affaire*	*en fin de période*	*avant l'affaire*	*en fin de période*	*en fin de période*	*en fin de période*

Les plus courtes erreurs sont toujours les meilleures (Molière).

Chapitre 9

GÉRER LES RISQUES

EN RÉSUMÉ...

L'analyse des risques donne les meilleures chances d'atteindre les objectifs de l'affaire, que ce soit au plan technique, du coût ou du délai.

Des techniques probabilistes simples permettent d'évaluer la faisabilité de l'affaire et de préparer les négociations à venir.

À partir de méthodes qualitatives, on peut envisager d'éventuels événements susceptibles de survenir pendant l'affaire et de choisir les parades adaptées : impasse, plan préventif ou plan de contingences.

L'évaluation des coûts est souvent subjective, sujette à caution, car en phase d'étude de faisabilité, un grand nombre d'informations est encore manquant. Les coûts par lot peuvent fluctuer et faire varier le coût global de l'affaire. Il s'agit donc d'évaluer les risques de dérapage de ces coûts. Cette approche des risques permettra de mieux préparer la négociation avec le client.

1. Modèle probabiliste

Comme on l'a vu pour les délais, on peut se poser trois questions pour chaque coût peu sûr :

– Quel est le coût le plus probable ? En pré-consultation d'un sous-traitant, on retiendra sa première réponse *R* (réaliste).

– Quel pourrait être le coût le plus bas O (optimiste) ?
– Quel pourrait être le coût le plus élevé P (pessimiste) ?

À partir de ces trois questions, vous allez pouvoir répondre à la question du risque de dérapage des coûts.

Tableau 1. – *Calculs pour l'évaluation des risques*

Lots	*O*	*R*	*P*	*m*	*v*
Lot 1	200	300	350	292	625
Lot 2	250	300	500	325	1736
Lot 3	100	200	400	216	2500
Lot 4	300	600	700	566	4444
Lot 5	50	100	300	125	1736
Lot 6	700	800	1000	816	2500
Lot 7	100	200	500	233	4444
Lot 8	100	100	400	150	2500
Total				2666	20485

Avec :

m = moyenne pour un lot = $(O + 4R + P)/6$
M = somme des moyennes = 2666
v = variance pour un lot = $[(P - O)/6]^2$
V = somme des variances = 20485.

La plus grande contribution à la variance, donc au risque, vient des lots 4 et 7.

L'écart type σ est égal à la racine de V. Il est de 143.

Interprétation : nous avons 50 % de chances d'avoir un coût global inférieur ou égal à 2666 K€.

La probabilité d'obtenir une valeur comprise entre M et $M + \sigma$ est constante et égale à 34 %. De même, la probabilité d'obtenir une valeur comprise entre $M + \sigma$ et $M + 2\sigma$ est constante et égale à 13,7 %. La courbe étant symétrique, des valeurs identiques sont trouvées à gauche de la moyenne.

On représente les probabilités d'obtenir une valeur inférieure ou égale à une valeur de référence sur une courbe en *S*.

Le même type de raisonnement peut être fait pour le risque de dépassement des délais. L'analyse sera alors réalisée sur l'ensemble des tâches du chemin critique, leurs délais respectifs influant sur la durée globale de l'affaire.

L'expérience ne permet jamais d'atteindre la certitude absolue. Nous ne devons pas chercher à obtenir autre chose qu'une probabilité (B. Russel).

Graphique 1. – *Courbe de Gauss centrée réduite des durées probables du projet*

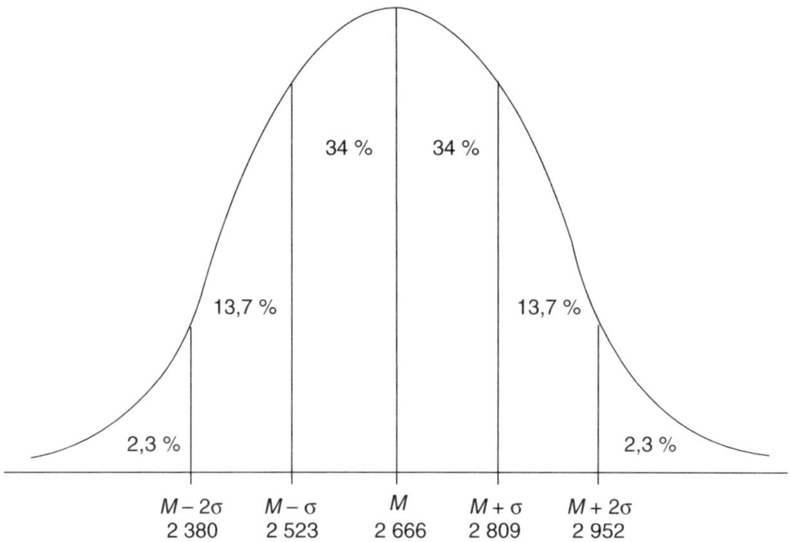

Attention aux limites de cette technique probabiliste qui n'est utilisable qu'au-delà de 15 lots (ou tâches) indépendants les uns des autres.

2. Utilisation du modèle probabiliste

Cette évaluation des risques doit être utilisée pour préparer la négociation.

Si vous avez mené l'analyse des risques sur les délais, vous savez quel pourcentage de chances vous avez de tenir le délai souhaité par le client. Si ce délai correspond par exemple à $M + 3\sigma$, vous avez de bonnes chances de tenir ce délai. Vous allez donc pouvoir, lors de la négociation, céder sur les éventuelles pénalités de retard demandées par le client, afin d'obtenir d'autres avantages contractuels. En revanche, si le délai client se situe vers $M - 2\sigma$, vous tenterez lors de la négociation de limiter les pénalités, quitte à céder sur d'autres points d'application du contrat.

Lorsque vous faites ce travail sur les coûts, vous intégrez au prix proposé au client le risque que vous ne pouvez pas prendre.

Il est frappant de constater que, si vous élaborez un prix de vente calculé à partir du coût de revient moyen (M), vous n'avez qu'une chance sur deux de respecter l'objectif de marge défini. Aimez-vous jouer à pile ou face ?

La probabilité de ce qu'un événement se produise est inversement proportionnelle à sa désirabilité (Gumperson).

Graphique 2. – *Courbe de Gauss cumulée*

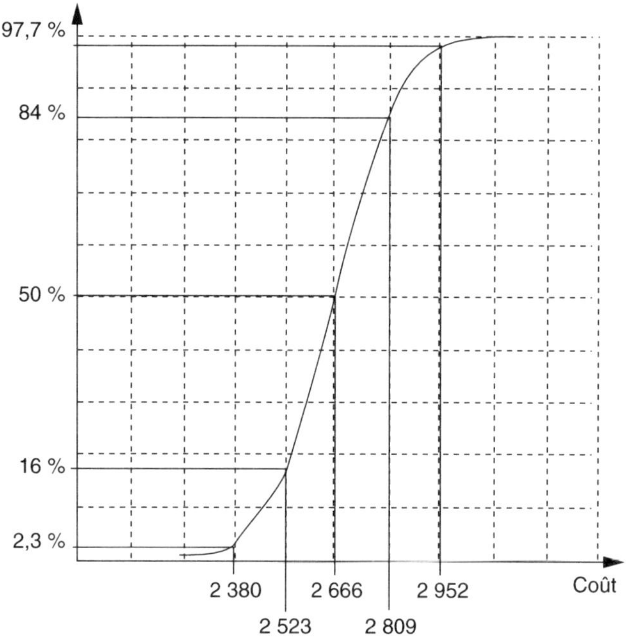

Par ailleurs, l'utilisation de cet outil permet de négocier vos objectifs en interne, avec votre patron. La marge objective devient alors atteignable et l'on évite les vœux pieux et les réductions de marge « imprévisibles ».

Enfin, la comparaison en fin d'affaire des estimations ainsi produites avec le réalisé de l'affaire permet de faire de meilleures prévisions pour la prochaine affaire.

3. Approche qualitative : la méthode ICARE

La méthode ICARE, pour Identifier, CAractériser, REduire les risques est issue de différentes méthodes utilisées dans des secteurs d'activité variés (AMDEC dans l'industrie automobile, Sûreté dans l'industrie énergétique, Méthodes de fiabilité…).

Identifier les risques

Il s'agit de recenser les événements non certains néfastes pour l'affaire. Afin de faciliter l'identification des risques, on peut s'aider d'une liste de domaines de risques (tableau 2).

La probabilité pour que la tartine tombe côté confiture est proportionnelle au prix du tapis (Loi de Murphy).

Tableau 2. – *Identifier les risques par domaines*

Domaines	Exemples
Client	Solvabilité, changement de cahier des charges, rachat de la société…
Fournisseur	Non-qualité, faillite, grève…
Technologique	Apparition d'une nouvelle technologie rendant la nôtre obsolète, pari sur une technologie non mature…
Financier	Taux de change pour les affaires à l'export, coût matières…
Naturel	Intempéries, catastrophes naturelles, nature du sous-sol…
Politique	Changement d'élus, réorientation budgétaire, risque pays…
Humain	Maladie, turn-over des contributeurs, manque de compétences…
Marché	Nouvelle concurrence, disparition du besoin…

Caractériser les risques

Chaque risque sera caractérisé par sa criticité. Cet indicateur est composé de trois paramètres, la probabilité, la gravité (ou impact) et la détectabilité, selon la formule :

$$\textit{Criticité} = (\textit{Probabilité} \times \textit{Gravité})/\textit{Détectabilité}$$

avec :

• Probabilité : notée de 1 à 3 (faible à forte), elle représente les possibilités « raisonnables » d'occurrence de l'événement.

• Gravité : notée de 1 à 3 (faible à forte), elle caractérise les dommages causés au bon déroulement de l'affaire si l'événement considéré se produisait.

• Détectabilité : notée de 1 à 3 (faible à forte), elle indique la possibilité de « voir venir » l'événement et de s'y préparer (une tempête de neige est peu détectable, la faillite d'un fournisseur l'est davantage).

Hiérarchisation des risques

Une fois déterminée la criticité de chacun des risques identifiés, ils seront classés dans l'ordre décroissant de leur criticité. On déterminera le seuil de criticité en dessous duquel on choisira de ne pas traiter les risques :

Ce qui est simple est faux, ce qui est compliqué est inutile (P. Valéry).

Graphique 3. – *Risques hiérarchisés*

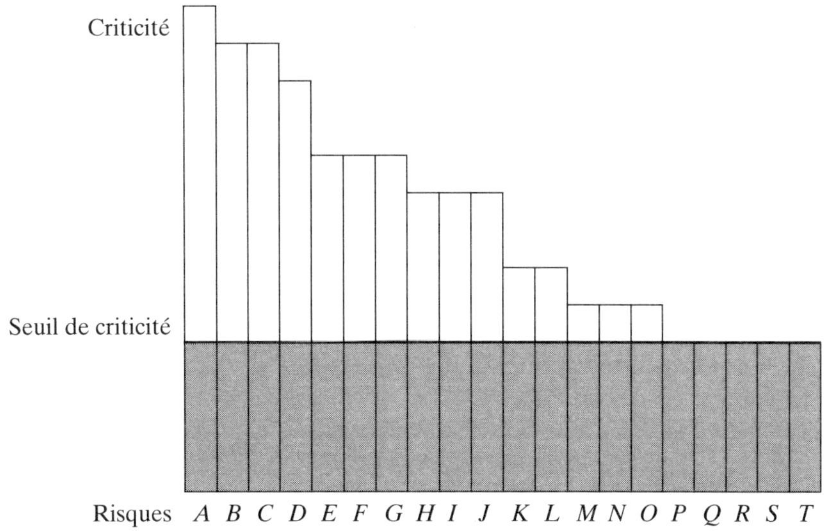

Les risques *P*, *Q*, *R*, *S* et *T*, sous le seuil de criticité, ne donneront pas lieu à une action de réduction.

Réduction des risques

Pour les risques dont la criticité dépasse le seuil retenu, on met en œuvre un plan de réduction ; la démarche générale est la suivante :

• Réduire la probabilité : les mesures sont prises pour limiter la probabilité que l'événement survienne (ex. : risque de feu... matériaux ignifugés, interdiction de fumer, poubelles anti-feu, non stockage de produits inflammables).

• Réduire la gravité : les mesures sont prises pour diminuer l'impact qu'aurait la survenue de l'événement sur l'affaire (ex. : risque de feu... extincteurs, portes anti-feu).

• Augmenter la détectabilité : les mesures sont prises pour anticiper la survenue de l'événement (ex. : surveillance des comptes d'un fournisseur au cours d'un projet de longue durée).

Dans le cadran Faible-Faible (tableau 3), on pourra faire l'impasse, ne pas prévoir de parade à l'événement et attendre sa venue éventuelle pour réagir.

Dans le cadran Fort-Fort, on investira pour mettre en œuvre les moyens de parade. L'achat obligatoire d'extincteur dans tout local de travail est un exemple de dispositif préventif.

La réponse est « oui ». Mais quelle était la question ? (W. Allen).

Tableau 3. – *Analyse des risques et action de réduction*

		Probabilité	
		Faible	**Forte**
Gravité	**Faible**	Impasse	Plan de contingences
	Forte	Plan de contingences	Préventif

Dans les cadrans intermédiaires, la mise en place d'un plan de contingence consiste à étudier la parade à un événement éventuel sans faire d'investissement préalable. Complémentairement à l'achat d'extincteur, on affiche un panneau de consignes en cas d'incendie, lesquelles indiquent entre autres choses de prévenir les pompiers. Sur les sites industriels à risque de feu élevé, l'investissement est fait d'une l'équipe de pompiers.

Au plan du budget du projet, une action préventive se traduit par un coût prévisionnel certain alors qu'un plan de contingences donne lieu à l'ouverture d'une provision.

Celle-ci devrait en théorie être restituée en fin de projet si l'événement n'a pas été rencontré.

Couvrir les risques

Si un risque est jugé significatif et que la réduction de la probabilité et de l'impact ne le rend pas acceptable, il peut être couvert ou partagé avec les partenaires, client ou fournisseur, à travers les clauses d'un contrat. La couverture ultime d'un risque passe par l'appel à l'assurance, mais tous les risques projets ne sont pas assurables.

4. Management des risques

L'état de chaque risque évolue au cours de l'affaire. Il est souhaitable, sur une affaire de longue durée, de mettre en place un système de management des risques. Un examen régulier des risques au cours du projet permet de répondre aux questions suivantes :

– Y a-t-il des risques nouveaux, ou que nous n'aurions pas identifiés au début du projet ?

– Certains risques sont-ils derrière nous, c'est-à-dire qu'ils n'étaient probables que lors des phases amont de l'affaire ?

– Certains risques sont-ils sous contrôle, c'est-à-dire qu'une action de réduction a été entreprise… on en mesure alors l'efficacité.

Certains sentent la pluie à l'avance ; d'autres se contentent d'être mouillés (H. Miller).

On pourra utiliser un tableau de bord de gestion des risques :

	États des risques			
	Latent	**Plan d'action en cours**	**Sous-contrôle**	**Abandonné**
Défaillance fournisseur			×	
Abandon du projet par le Client				×
Solvabilité Client			×	
Obsolescence d'un composant		×		
Concurrence	×			

On cherchera à diminuer le nombre de risques latents et à évaluer les plans d'action mis en œuvre. La revue de risques est souvent entreprise au passage d'une phase de l'affaire à une autre.

Devinez juste deux fois de suite et vous passerez pour un expert (M. Yourcenar).

Chapitre 10

TRÉSORERIE ET PRIX DE VENTE

EN RÉSUMÉ...

Dans un environnement économique difficile, avec des marges réduites, les besoins de financement liés à l'affaire peuvent peser lourd sur la rentabilité.

On évalue les frais financiers par simulation, en construisant des hypothèses de répartition dans le temps des dépenses et des recettes liées à l'affaire.

Les frais financiers dépendent des conditions négociées auprès du client et des fournisseurs. Ces conditions comprennent les dates de facturation et les modalités de paiement.

Les paiements sont effectués par différents moyens (chèque, virement, traite, billet à ordre, mandat administratif) qui ont un impact sur les délais d'encaissement réel, c'est-à-dire sur la trésorerie de l'entreprise. On négociera, au-delà du montant des paiements, leur échéance et leur forme, afin de bénéficier de possibilités d'escompte.

L'affacturage consiste à céder les créances de l'entreprise à un opérateur externe qui se chargera de les recouvrer, c'est un moyen de diminuer le crédit-client et d'éviter les impayés.

1. Le prix de vente

Il est calculé à partir du coût de revient complet du système, de l'objectif de marge commerciale et des frais financiers.

Une erreur fréquente consiste à calculer une marge sur prix de revient, alors que la direction générale ou la direction commerciale exprime souvent la marge en pourcentage du chiffre d'affaires. Ainsi, pour un objectif de marge de 12 %, on calculera le prix de vente par :

$$PV = PR/(1 - 0{,}12)$$

et non

$$PV = PR \times 1{,}12$$

Formule générale :

$$PV = PR/(1 - CM) + FF$$

avec :

PV = prix de vente ;
PR = prix de revient ;
CM = coefficient de marge commerciale ;
FF = frais financiers.

2. La trésorerie prévisionnelle

L'élaboration de la trésorerie prévisionnelle de l'affaire est la dernière phase de la préparation de la soumission. Elle est importante car elle permet de forger des arguments pour la négociation avec le client et avec les sous-traitants. L'objectif est d'optimiser les modalités de paiement pour minimiser les frais financiers.

C'est une phase souvent négligée car elle n'est effectuée qu'en fin de soumission et l'équipe chargée de l'établissement du devis est pressée par le temps. De plus, pour être objective, cette prévision de trésorerie doit envisager plusieurs hypothèses de modalités de paiement pour les fournisseurs et pour le client.

Pour chaque hypothèse, la démarche est la suivante :

- placer dans le temps les diverses dépenses ;
- faire le cumul des dépenses par unité de temps ;
- placer dans le temps les recettes ;
- faire le cumul des recettes par unité de temps ;
- comparer recettes et dépenses cumulées dans le temps ;
- en déduire la courbe de trésorerie ;
- estimer les frais financiers et les faire réagir sur le prix de vente.

Le planning Gantt, déduit du réseau PERT, est le support idéal pour placer dans le temps les diverses dépenses prévisionnelles.

L'essentiel en ce monde est plutôt la probabilité que la vérité même (H. Heine).

Graphique 1. – *Plan de trésorerie prévisionnel*

Dépenses études + management : 2 200 K€

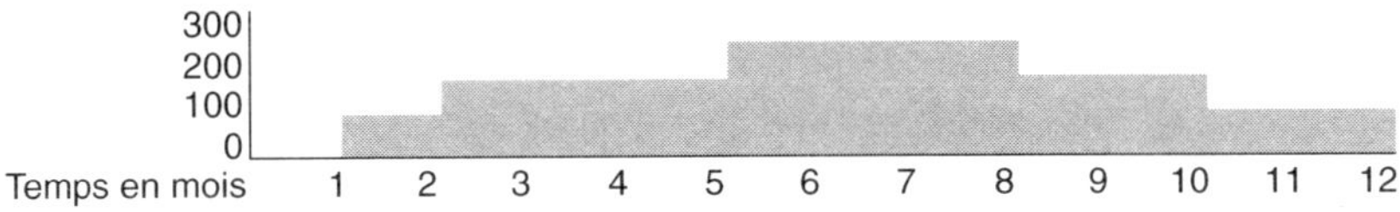

Dépenses approvisionnement : 2 400 K€

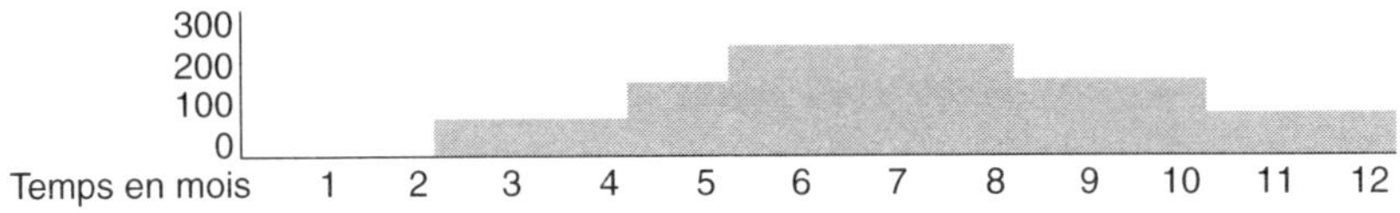

Dépenses chantier : 1 500 K€

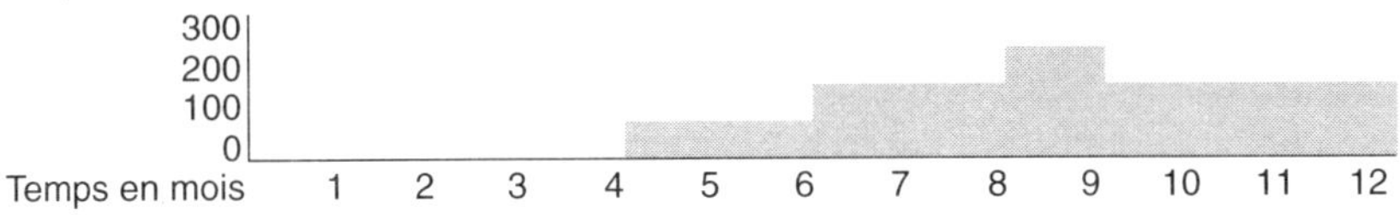

Cumul recettes	0	100	300	1 000	1 000	1 000	2 000	2 000	3 000	3 000	3 000	6 000
Cumul dépenses	0	100	400	700	1 200	1 900	2 700	3 500	4 200	4 800	5 200	5 600
Solde trésorerie	0	– 100	– 400	300	– 200	– 900	– 700	– 1 500	– 1 200	– 1 800	– 2 200	400

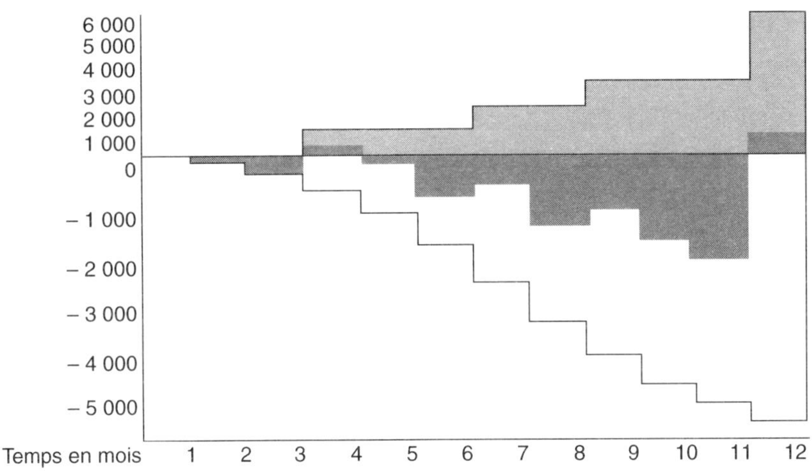

Dans l'exemple du graphique 1, la trésorerie reste négative pendant toute la durée de l'affaire à l'exception des mois 3 et 12. Dans cette éven-

---

Gagner de l'argent, c'est facile, il suffit d'y penser tout le temps (J. Rockefeller).

tualité, à raison d'un taux d'agios sur découvert bancaire de 12 % l'an, les frais financiers que cette affaire ferait supporter à l'entreprise seraient de :

$$0 + 100 + 400 + 200 + 900 + 700 + 1500 + 1200 + 1800 + 2200 =$$
$$9000 \times 1\ \% = 90\ \text{UF}$$

avec UF = Unité Financière.

D'où en pourcentage :

90/6000 = 1,5 % du chiffre d'affaire

et

90/400 = 22,5 % de la marge brute

Lorsque la rentabilité moyenne des affaires se situe entre 5 et 15 %, l'effort à fournir pour optimiser la trésorerie est vite amorti.

La trésorerie est fortement liée non seulement aux modalités de facturation négociée avec le client, mais aussi aux conditions de paiement obtenues.

3. Modalités de paiement

Les paiements peuvent être effectués par chèque, virement ou effet comptable. Ils sont assortis d'échéances.

Le chèque, dès réception, peut être porté en banque et votre compte est immédiatement crédité (aux dates de valeurs près).

Le virement bancaire effectué par le client crédite votre compte dès réception par votre banque.

Les effets escomptables sont assortis d'une date d'échéance. Ils sont présentés à la banque à cette date et le compte est crédité du montant indiqué. Escompter un effet (billets à ordre et traites) consiste à le présenter en banque avant la date d'échéance. La banque, après examen, pourra alors « prêter » tout ou partie du montant de l'effet, moyennant un coût financier (agio) calculé sur la période courant de la date de l'escompte à la date d'échéance. Cette disposition est utilisée pour éviter un découvert bancaire dont le montant dépasserait le plafond accordé par la banque.

Exemples :

- Paiement par chèque à 60 jours : le chèque est reçu 60 jours après la date de réception de la facture.
- Paiement par effet à 60 jours : la traite signée du client est reçue dès réception de la facture. Le montant total peut être encaissé 60 jours plus tard, ou la traite peut être escomptée en tout ou partie avant la date d'échéance.

La technique est l'effort accompli pour éviter les efforts (J. Ortéga).

On pourra rencontrer différentes échéances :
1 – comptant à réception de facture ;
2 – à *N* jours à réception de facture ;
3 – à *N* jours fin de mois à réception de facture ;
4 – à *N* jours fin de mois le 10 du mois suivant ;
5 – à *N* jours le 10 du mois suivant, comptes arrêtés le 25 du mois, facture reçue avant le 25 ;
5 bis– *idem* 5, mais facture reçue après le 25.

Schéma 1. – *Les échéances de paiement*

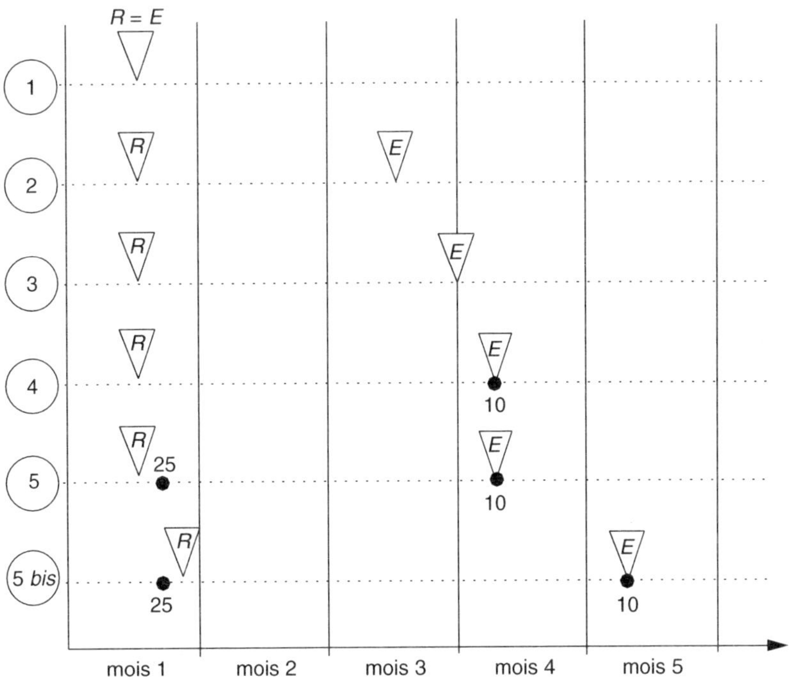

avec :

R = réception de facture, E = encaissement, N = 60 jours.

Dans le cas le plus défavorable où la facture est reçue après le 25 du mois, sa prise en compte est renvoyée au 25 du mois suivant. Pour une facture reçue le 26 du mois, le délai global de paiement sera de 100 jours. Ceci explique que, dans certaines entreprises, le responsable fasse le tour des bureaux des chargés d'affaire, très agité, en réclamant la facturation du mois.

On définit généralement des objectifs flous de manière à éviter des estimations précises des coûts correspondants (Loi de Golub).

Il faut ajouter à ces délais théoriques les délais administratifs du client, entre la réception de la facture au service courrier et sa mise en paiement effective après signatures. Ce délai varie de quinze jours à trois mois dans certaines administrations et grands comptes. Une bonne connaissance des circuits administratifs du client permet d'anticiper les besoins de trésorerie de l'entreprise, et de mettre en place les dispositifs de relance adaptés. Notons que ces délais ont tendance à se réduire. La raison de cette amélioration tient peut-être à l'internationalisation des marchés, nos partenaires européens étant plus réactifs en la matière.

4. Évaluation des frais financiers

Les frais financiers évoqués ici sont directement liés à l'affaire. Une affaire peut être mal financée alors que la trésorerie de l'entreprise est bonne. La trésorerie de l'entreprise reflétant la trésorerie consolidée des affaires en cours, l'amélioration du financement des affaires ne peut que contribuer à assainir la situation bancaire globale de l'entreprise. Certaines entreprises américaines ont mis en place une « banque virtuelle », service interne qui joue le rôle de banquier auprès des chargés d'affaire. Très pédagogique, ce dispositif a permis d'élargir la culture financière des contributeurs aux affaires.

Le pourcentage de frais financiers par rapport au chiffre d'affaires s'obtient par la formule :

$$F = D \times T/360$$

avec :

F = frais financiers (en pourcentage du chiffre d'affaires) ;
D = délai en jours entre la réception de la facture et l'encaissement ;
T = taux de découvert ou d'escompte en pourcentage annuel.

Pour 100 jours à 12 % l'an :
$F = 100 \times 0{,}12/360 = 3{,}3$ % du chiffre d'affaires.

Il existe parfois dans l'entreprise un ratio de frais financiers évalué par le contrôle de gestion qui peut être utilisé.

5. L'affacturage

L'affacturage, ou factoring, est une pratique de plus en plus répandue. Cette technique, utilisée pour couvrir le risque lié au crédit-client, consiste à céder les créances à un affactureur, opérateur dont la mission sera de

---

Nous voulons de la place au soleil, c'est normal mon garçon ; alors fais du soleil au lieu de chercher à faire de la place (J. Giono).

recouvrer la créance. Il s'agit pour l'entreprise d'externaliser le recouvrement des créances.

Les factures émises vers le client sont vendues à l'opérateur d'affacturage, pour le montant de la créance diminué de la commission de l'affactureur. La facture sera réglée par le client à l'affactureur. Ce dispositif coûte jusqu'à 10 % du chiffre d'affaires et peut apparaître onéreux, mais il l'est peu en regard de l'augmentation du nombre d'impayés. Rappelons que 14 % des faillites d'entreprise, dont le nombre annuel est passé de 8000 à 60000 en 25 ans, sont dues à des problèmes de trésorerie.

6. Les frais d'avant-vente

Deux approches s'opposent pour ce qui concerne la couverture des frais d'avant-vente, c'est-à-dire le coût de la préparation de l'affaire avant l'obtention du marché.

La re-facturation directe consiste à répercuter au client, dans le prix de vente, les coûts générés par la préparation de son affaire.

L'approche par le coût commercial global préconise de cumuler les coûts de préparation de toutes les affaires ; ils représentent alors une part des frais généraux et à ce titre participent à la construction des coûts de revient des produits ou services vendus par l'entreprise.

La première approche présente le risque de ne pas voir couverts les frais de préparation des affaires que l'on n'obtient pas.

Les choses, il faut les faire. Bien ou mal, mais les faire (D. Sarmiento).

Chapitre 11

LA PROPOSITION

EN RÉSUMÉ...

Après une préparation minutieuse de l'affaire, la proposition est le seul support qui permette de convaincre le client. Elle doit faire l'objet d'une rédaction soignée.

Elle doit comprendre au moins les chapitres suivants : objet, rappel du contexte, besoin du client, proposition technique, planning prévisionnel, proposition financière.

La proposition doit, tant sur le fond que sur la forme, permettre au lecteur trois niveaux de lecture : la lecture de premier contact doit séduire et donner envie d'aller plus loin, la lecture discriminante doit permettre d'accéder rapidement à une information particulière, la lecture approfondie doit permettre au client de comprendre l'offre dans ses détails, hors de la présence du rédacteur.

L'utilisation des outils de traitement de texte maintenant généralisée, l'exigence des lecteurs (entendez clients) en matière de qualité documentaire est croissante.

La proposition, accompagnée de supports de communication, pourra permettre à votre interlocuteur de « vendre » votre offre en interne.

La présentation formelle de la proposition devant le client, exercice difficile parfois exigé, doit être au moins au niveau de qualité de la proposition elle-même. Elle nécessite un travail de préparation supplémentaire.

Après le travail de préparation effectué, la proposition est le seul lien avec le client.

Elle doit le convaincre de :

– la motivation à obtenir l'affaire ;

– la bonne compréhension de sa demande ;

– l'aptitude à apporter une réponse pertinente.

L'importance de la précision de la proposition doit être soulignée dans la mesure où elle vaut engagement de l'entreprise. Dans de nombreuses affaires, il n'y a pas rédaction et signature d'un contrat. La proposition, accompagnée de la lettre de commande du client acceptant les conditions de cette proposition, tient lieu d'engagement contractuel des deux parties.

1. La lettre d'accompagnement

Ce n'est pas une partie de la proposition. Elle doit être dissociable et ne doit contenir que des informations administratives. On ne présentera pas la proposition dans la lettre mais dans le corps même de la proposition, car ce courrier d'accompagnement est le plus souvent dissocié dès réception.

Le corps de la proposition est composé de :

– la page de garde ;

– l'objet de la proposition ;

– le rappel du contexte ;

– la description du besoin ;

– la proposition technique ;

– le planning prévisionnel ;

– la proposition financière ;

– les annexes.

2. La page de garde

Elle doit contenir les informations générales de la proposition :

– le type de la proposition,

– le titre de l'affaire,

– le nom de la société concernée,

– la date de rédaction,

– la référence du document,

– la référence du client si elle existe,

– le sommaire de la proposition.

Pour les propositions très importantes en volume, il est possible de faire un résumé de la proposition reprenant et résumant chaque partie. On

---

Il n'y a point de petits pas dans les grandes affaires (Cardinal de Retz).

reprend la même structure que la proposition et on renvoie aux pages de la proposition pour une présentation plus détaillée. Ce résumé sera placé après la page de garde et signalé dans le sommaire.

Le lecteur doit souvent convaincre en interne et vendre le projet à sa propre hiérarchie, ainsi qu'aux financiers. Le résumé peut lui faire gagner du temps puisqu'il aurait dû le rédiger pour communiquer avec sa hiérarchie.

3. Le corps de la proposition

Le corps de la proposition est structuré en chapitres. Ceux décrits ci-après ne constituent pas une liste exhaustive.

3.1. L'objet de la proposition

On présentera succinctement la proposition en rappelant l'objectif général, le nom du client auquel elle est adressée et on précisera l'entité concernée. Ce dernier point est important lorsque la proposition est adressée à une grande entreprise.

Il est possible d'indiquer et d'expliquer dans ce chapitre la structure de la proposition.

3.2. Le contexte

On décrit le contexte dans lequel s'inscrit l'affaire. On situe l'affaire au niveau technique, humain et de l'organisation.

Ce rappel du contexte a pour objectif de montrer au client qu'il a été bien écouté. Il doit reconnaître son entreprise dans le portrait qui en est fait. On recense les éléments qui pourront constituer des freins, des leviers ou des contraintes au bon déroulement de l'affaire.

3.3. Le besoin

Il s'agit de la demande du client. On définit le plus complètement et le plus précisément possible le besoin exprimé par le client. Ce chapitre peut être constitué, s'il a été rédigé, du cahier des charges fonctionnel.

Le client pourra juger si la proposition correspond bien à son besoin.

• Dans l'affirmative, il sera rassuré et il se consacrera essentiellement au reste de la proposition. Par la suite il s'agit d'un point d'accord.

• Dans la négative, peut-être est-il encore temps de mieux définir le besoin avec lui et de modifier la proposition. Essayer de masquer cette

---

Je vous écris une très longue lettre parce que je n'ai pas eu le temps d'en écrire une courte (Voltaire).

partie parce qu'elle est difficile à rédiger risque de faire apparaître plus tard des points de désaccord qui entraîneront des difficultés lors du déroulement de l'affaire.

3.4. La proposition technique

On décrit l'ensemble des éléments qui seront mis en œuvre pour répondre au besoin défini précédemment.

La proposition technique peut faire l'objet de plusieurs chapitres et sous-chapitres.

Le lotissement peut être fait par type de prestation (fourniture de matériel, développement, formation, conseil...) et/ou par phase d'avancement de l'affaire.

Pour chaque lot de la proposition technique, on définit :

– sa nature (matériel, logiciel, formation, développement, conseil, installation...) ;

– la fourniture (la description du produit tangible que devra recevoir le client à réalisation du lot) ;

– les modalités de livraison ;

– les modalités de recette.

Dans le cas de lots comprenant un travail de production, on décrira la méthode retenue pour assurer cette production.

Pour un lot complexe, il peut être bon d'établir, à la fin de la description du lot, un récapitulatif des volumes.

Les prix ne sont pas indiqués dans cette partie de la proposition. Le prix de chaque lot sera présenté dans la proposition financière.

3.5. Le planning prévisionnel

On présente, si possible sous forme d'un diagramme de Gantt, l'enchaînement dans le temps des différents lots, les événements clés de l'affaire, les points de rencontres avec le client (recettes intermédiaires, validations, etc.).

On conserve le découpage et les termes de la proposition technique.

3.6. Proposition financière

La proposition financière doit commencer sur une nouvelle page. Le client pourra l'enlever s'il veut diffuser la proposition à des collaborateurs.

On présente le prix de chaque lot de la proposition technique et le montant total de la proposition.

Le succès est une conséquence et non un but (G. Flaubert).

On présente les prix en valeur hors taxes et on précise qu'ils seront assujettis aux taxes en vigueur à la date de la facturation, ce qui permet de pallier d'éventuelles variations de taux de TVA. Pour certains clients qui ne récupèrent pas la TVA (administrations par exemple), les prix doivent être indiqués TTC.

On précise, le cas échéant, les frais qui pourraient être facturés en sus de la proposition technique (frais de déplacement, hébergement...).

Il faut également préciser si les prix sont fermes et définitifs ou s'ils sont actualisables et donner alors les conditions d'actualisation.

3.7. Modalités de facturation

On définit, pour chaque facturation :

– le montant prévu en valeur hors taxes (s'il s'agit d'un pourcentage, préciser la base et le montant) ;

– la date prévue ;

– le résultat intermédiaire justifiant cette facturation.

3.8. Modalités de paiement

On précise le mode de règlement et le terme, ou échéance.

3.9. Pénalités pour retard de paiement

On peut évoquer une clause de pénalité pour retard de paiement, qui peut être libellée ainsi : « Tout retard de paiement de plus de trente (30) jours à compter de la date d'envoi de la facture fera automatiquement courir un intérêt dont le montant sera calculé sur la base du taux de refinancement le plus récent de la Banque Centrale Européenne augmenté de sept (7) points, et ce sans formalité préalable. »

Cette clause n'est pas appliquée en règle générale. Elle permet parfois de faire avancer un règlement plus rapidement que ceux des autres fournisseurs du client.

3.10. Délai d'option

La proposition étant une offre de vente, il est utile de préciser la durée de validité de l'offre.

Afin que le planning prévisionnel soit compatible avec d'éventuelles dates fixées par le client, on précise la date à laquelle la commande doit parvenir au plus tard.

J'ai entendu vos points de vue. Ils ne rencontrent pas les miens. La décision est prise à l'unanimité (C. de Gaulle).

3.11. Les annexes

On place en annexe toutes les informations complémentaires qui ne sont pas directement utiles à la compréhension de la proposition (curriculum vitæ des intervenants, présentation de la société, documents techniques, brochures...).

On numérote et on titre chaque annexe pour y faire référence dans la proposition. Si l'annexe contient plus d'une page, on la fait précéder d'une page de garde.

4. Écrire pour être lu

La proposition arrive sur le bureau du client et subit trois lectures successives :

– une lecture de prise de contact : c'est la lecture d'un coup d'œil, celle qui va donner envie au lecteur d'aller plus loin ;

– une lecture discriminante : dans ce mode de lecture, la proposition doit permettre au lecteur de trouver rapidement une information particulière ;

– une lecture approfondie qui doit permettre la compréhension globale et détaillée de la proposition.

Pour permettre ces trois modes de lecture, le travail de rédaction portera à la fois sur le fond et sur la forme de la proposition.

4.1. Le fond

Le travail de rédaction peut s'avérer difficile, il est pourtant nécessaire pour la meilleure compréhension possible de l'offre.

On rédige une phrase par idée ; Marcel Proust n'a jamais écrit de proposition commerciale.

On s'efforce d'utiliser le mot juste. L'utilisation des synonymes est élégante mais d'un caractère approximatif. Il ne faut pas craindre les répétitions, au détriment du style. Une proposition commerciale n'est pas une œuvre littéraire.

4.2. La forme

Les outils de traitement de texte permettent de produire des documents de grande qualité. Encore faut-il connaître les quelques règles typographiques et de mise en page qui améliorent la lisibilité d'un document.

Celui qui n'a comme outil qu'un marteau pense tous ses problèmes en termes de clous.

À chaque niveau de titre, on associe une forme. La forme d'un titre doit permettre de repérer immédiatement quel est son niveau. La numérotation des titres, bien que nécessaire, ne suffit pas.

Schéma 1. – *Indentation des niveaux de titre*

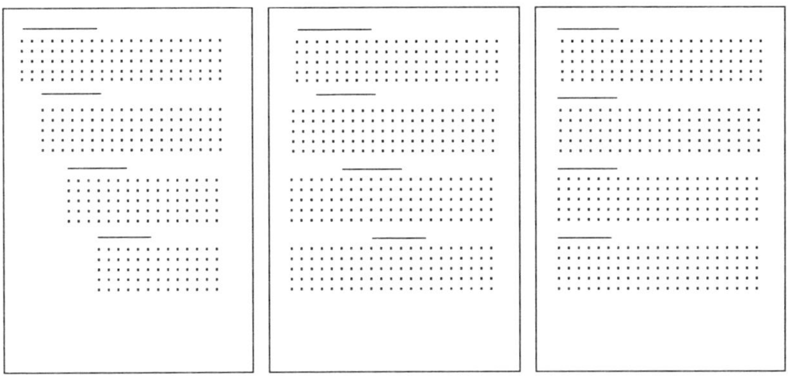

Incorrect — Incorrect — Correct

Si la longueur du contenu d'un chapitre dépasse une page, on commence le chapitre suivant sur une nouvelle page.

On évite les titres en retrait qui ne laisse plus de place pour le texte. Mais si les titres sont en retrait, on conserve l'indentation sur tous les niveaux, sans recaler un sous-titre ou son texte à la marge gauche (schéma 1).

Le document doit être aéré par des espaces entre les paragraphes. Les titres doivent être plus éloignés des textes qui les précèdent que des textes qui les suivent.

Le texte doit être facilement lisible. On privilégie l'utilisation de caractères proportionnels.

On évite le « sur-codage ». Pour rehausser un texte ou un titre, on utilise un seul effet à la fois. Par exemple, on évite « Gras », « Italique » et « souligné » simultanément sur le même texte. On change plutôt la taille du caractère si c'est possible. Malgré les séduisantes possibilités des traitements de texte, on n'utilise qu'une (au maximum deux) police de caractère dans un document.

Les effets de forme dans un texte (énumération, tableau, encadrement...) peuvent accroître la clarté et la lisibilité d'un texte. Mal réalisés, ils risquent de gêner la lecture.

Il est indispensable de folioter, c'est-à-dire de numéroter les pages de la proposition. On numérote également les chapitres. Il est commode, lors

---

Regarder un atome le change, regarder un homme le transforme, regarder l'avenir le bouleverse (G. Berger).

d'une conversation téléphonique par exemple, de pouvoir se référer rapidement à un élément du document.

Le sommaire de la page de garde doit faire référence aux numéros de page si la proposition est longue.

5. Présenter et défendre la proposition

On peut proposer au client de lui présenter la proposition afin d'éviter d'éventuelles interprétations de lecture.

5.1. Préparation de la présentation

Pour que l'intervention soit efficace, il faut la préparer. Une demi-journée de travail ou plus peut être occupée à préparer une présentation : c'est un investissement.

Il est bon de connaître les fonctions des participants à la réunion de présentation, afin d'aborder les thèmes auxquels ils seront sensibles.

La présentation peut s'appuyer sur des supports de communication, tels que transparents, animations sur ordinateurs, vidéo. Les moyens mis en œuvre doivent être proportionnels à l'enjeu de l'affaire.

5.2. Les thèmes à aborder

La présentation est limitée dans le temps. Dans le cadre d'une réponse à un appel d'offres, il est fréquent que le client organise des journées dédiées à ces présentations lors desquelles les soumissionnaires défilent devant une commission de sélection.

La principale difficulté consiste à gérer le temps de la présentation. On aura intérêt à prévenir l'auditoire de la durée de l'exposé, en proposant de renvoyer les questions à la fin.

Je vous propose une logique de présentation. Celle-ci ne constitue en rien une règle mais elle pourra vous guider si vous n'avez pas une grande expérience de ce type de prestation.

Chacun des points suivants peut être abordé succinctement :

– le rappel du besoin et du contexte du client : l'offre n'existe qu'en regard d'un besoin dont l'expression constituera l'introduction du propos ;

– la logique de l'offre : il s'agit d'exposer les grandes orientations techniques qui ont été prises en regard du besoin détecté et non de dresser une liste fastidieuse des fournitures ;

Dans vos phrases, n'utilisez qu'un sujet, un verbe, un complément direct ; quand vous aurez besoin d'un adjectif, venez me trouver (G. Clemenceau).

– le lotissement de la proposition technique : les lots sont présentés, par exemple sous la forme d'un organigramme technique, afin de donner au client la visibilité que l'on a choisie pour l'affaire ;

– la présentation des éventuels partenaires internes et externes : l'organisation de l'affaire est décrite, avec le rôle des interlocuteurs que le client pourra rencontrer pour préciser des points particuliers. On cite les partenaires, les sous-traitants ou fournisseurs, retenus pour prendre en charge certaines parties spécifiques de l'affaire. On prend soin de mettre en valeur les raisons des choix effectués, en matière de performances, de références et de qualité ;

– le planning prévisionnel : on présente le planning global et les points de contrôle que le client exercera au cours de l'affaire ; on peut présenter les éléments critiques du planning et les mesures particulières de pilotage prévues ;

– le prix : c'est le moment qui fait peur. Il faut pourtant y passer. Une tentation forte est d'annoncer les prix par lot, afin que les montants soient plus faibles que le montant global. Cette présentation génère l'effet « caisse enregistreuse », c'est-à-dire l'accumulation de chiffres qui s'additionnent. Il est plus judicieux d'annoncer le montant global de l'offre en tout premier lieu, puis de détailler le contenu de la proposition. Vous n'avez ainsi qu'un chiffre à citer, chiffre auquel le client aboutira tôt ou tard ;

– les points forts : dégager les points distinctifs de l'offre susceptibles de répondre au mieux au besoin exprimé du client ;

– conclusion : on peut conclure sur l'opportunité qu'il y a à travailler ensemble, client et fournisseur, au sein d'une association, certes monnayée, mais qui n'en est pas moins un partenariat.

On tente de ne pas commencer à négocier durant la présentation. Les questions seront régulées de façon à ne pas se trouver en situation de négociation. Si on entre dans cette négociation, on risque de perdre le fil du discours ou de déranger les auditeurs que cette discussion n'intéresse pas.

Le nom du plus grand des inventeurs : accident (M. Twain).

Chapitre 12

LES CONTRATS

EN RÉSUMÉ...

Le chargé d'affaire joue un rôle important dans l'élaboration des contrats. Le rôle du juriste consiste à apporter la lettre à un esprit du contrat qui ne peut émaner que du chargé d'affaire.

Différents types de contrats (forfait, régie, dépenses contrôlées, à intéressement) peuvent être imaginés en fonction des enjeux des partenaires ou des conditions propres à l'affaire (complexité technique, incertitude sur les délais ou les coûts, effort nécessaire de recherche et développement, etc.).

Des clauses prenant en compte d'éventuelles évolutions des prix en cours d'affaire peuvent être contractuelles (actualisation, révision).

Une connaissance des dispositifs contractuels est nécessaire au chargé d'affaire. Les contrats ne sont pas l'affaire exclusive des juristes. Le contrat comprend deux aspects : l'esprit et la lettre. Le travail du juriste consiste à donner à l'esprit du contrat la lettre, c'est-à-dire la forme juridique correcte.

1. Contrat forfaitaire

1.1. Principe

Le prix de vente *PV* est fixé au moment de la signature du contrat à des conditions économiques précises.

$$PV = PR + B$$

avec :

PV = prix de vente négocié ;
PR = prix de revient prévu par le titulaire ;
B = bénéfice attendu par le titulaire.

1.2. Impact

Tout dépassement du coût de revient prévu par le titulaire diminue d'autant son bénéfice. Une erreur d'estimation peut l'amener à travailler à perte. À l'opposé, il ne se verra pas contester ses marges si son prix de revient diminue par rapport aux prévisions.

Le client peut facilement budgéter son investissement.

Il existe des modalités d'ajustement d'un contrat forfaitaire en cours d'exécution, par négociation d'un avenant. L'avenant peut couvrir une fourniture non prévue initialement au contrat.

Le contrat au forfait sous-entend un objectif de résultats, la commande du client pouvant porter sur la définition du résultat plus que sur la fourniture livrée. Il peut y avoir une ambiguïté sur « ce qui est dû » au titre du contrat.

1.3. Conditions d'utilisation

Le contrat forfaitaire doit être exclu lorsque règne une trop grande incertitude sur le coût de revient. C'est le cas pour les affaires comportant une part non négligeable de recherche et développement.

2. Contrat de type régie

2.1. Principe

Le bénéfice est fixé par avance et ne dépend pas du prix de revient des travaux. Ce bénéfice fait l'objet de la négociation. En réalité on négocie le

---

Pour estimer le temps d'une tâche donnée : estimez le temps qui vous semble normal, multipliez par deux, et passez à l'unité de mesure supérieure la plus proche (Règle de Westheimer).

prix d'unités d'œuvre, c'est-à-dire d'unités élémentaires de travail ou de fourniture (heures, jours, etc.). Le nombre d'unités d'œuvre n'est pas défini par avance.

Le titulaire facture au client les dépenses effectuées au titre de l'affaire auxquelles est ajouté le bénéfice contractuel.

Un plafond de dépenses peut être fixé dans le contrat.

2.2. Impact

Le titulaire est protégé des variations imprévues du prix de revient.

Le client peut difficilement budgéter son investissement.

Le titulaire peut avoir tendance à la « perfectionnite », dans la mesure où toute augmentation du coût lui est restituée.

Le client se réserve de contrôler les dépenses qui lui sont présentées. Il peut avoir accès jusqu'à la comptabilité analytique du titulaire, afin de vérifier les modes de calcul des coûts. Pour la main-d'œuvre en régie, les taux horaires ou journaliers sont généralement négociés sur la base des prix du marché.

2.3. Conditions d'application

Le contrat en régie, qui stipule des engagements de moyens, est utilisé lorsque l'objectif de l'affaire n'est pas bien défini, ou lorsque le coût d'atteinte de l'objectif est difficile à estimer. Très utilisé en informatique, ce type de contrat convient à la mise à disposition de personnel sous la maîtrise et la responsabilité du client. Aucun objectif n'est décrit dans le contrat, seuls les profils des personnels détachés sont contractuels (compétence, expérience, références, connaissance du domaine). Les curriculum vitae des intervenants sont attachés au contrat.

Le contrat de type régie nécessite parfois la mise en œuvre de dispositifs contractuels particuliers, destinés à éviter la perfectionnite de la part du sous-traitant.

On peut proposer une rémunération dégressive en fonction de l'atteinte de plafonds successifs, (graphique 1).

Jusqu'au premier plafond, le titulaire réalise une marge normale. Entre le premier et le second plafond, sa marge diminue suivant un barème fixé par contrat. Entre le deuxième et le troisième plafond, le fournisseur travaille sans bénéfice (*at cost*). À partir du troisième plafond, il travaille à perte. Ce dispositif est utilisable lorsque l'objectif de résultat est connu et défini, mais que le coût est soumis à une incertitude qui rend impossible l'engagement au forfait.

Ne prenez jamais une décision sans avoir au moins le choix entre vanille et chocolat. Et s'il y a plus d'un million de dollars en jeu, ce serait une bonne idée d'avoir aussi le choix avec la fraise (L. Iacocca).

Graphique 1. – *Verrouillage d'un contrat en régie*

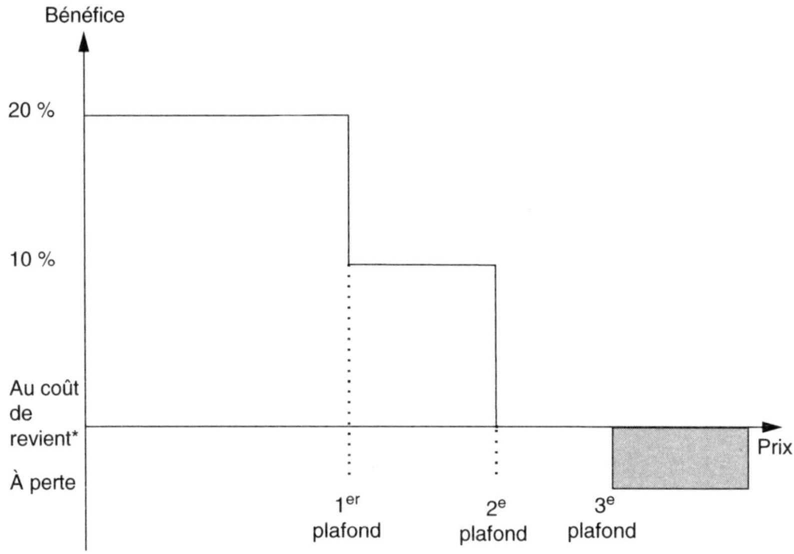

* En anglais : *at cost.*

Ce dispositif nécessite d'avoir une bonne connaissance de l'entreprise titulaire. Une entreprise en bonne santé, dont le carnet de commande est suffisamment rempli, aura intérêt à atteindre au plus tôt l'objectif afin de pouvoir se consacrer à de nouvelles affaires, générant une marge normale.

Une entreprise dont le carnet de commande est peu rempli cherchera peut-être à maintenir ses équipes occupées sur l'affaire en cours, quitte à abandonner sa marge, le chiffre d'affaires généré couvrant les frais fixes de l'entreprise.

3. Contrats à motivation

Entre le contrat au forfait où tous les risques sont à la charge du fournisseur et où les performances peuvent être dégradées pour respecter l'enveloppe du prix de revient et le contrat en régie où les performances peuvent être rehaussées sans tenir compte du coût supplémentaire qu'elles engendrent, on assiste de plus en plus au montage de contrats de type incitatif.

Pour passer de 100 dollars à 110 dollars, il faut trimer. Mais passer de 100 millions de dollars à 110 millions de dollars, c'est inévitable (E. Bronfman).

Ce type de contrat est fondé sur des formules d'intéressement croisé sur les performances, les coûts et les délais obtenus en fin de réalisation par rapport à des valeurs constituant les objectifs définis au contrat.

La notion d'objectif à atteindre ou à dépasser devient la référence contractuelle. C'est une des raisons pour lesquelles les techniques de pilotage d'affaire sont devenues indispensables pour mieux maîtriser l'atteinte de cet objectif.

On distingue plusieurs types de contrat incitatif :

– le contrat au forfait avec intéressement sur les économies réalisées par rapport à un prix de revient objectif avec plafonnement du prix de revient ;

– le contrat avec intéressement sur les économies, sans plafonnement du prix de revient mais avec plafonnement du bénéfice ;

– le contrat avec intéressement sur plusieurs paramètres souvent antagonistes.

3.1. Contrat à intéressement sur les économies avec plafond du prix de revient

Les paramètres du contrat sont les suivants :

– un prix de revient objectif PR_o ;

– un bénéfice objectif *Bo* ;

– un prix de vente objectif PV_o ;

– un prix de revient plafond *PRp* ;

– le prix de revient constaté *PRc* ;

– un taux de partage des écarts de bénéfice *T* provenant des écarts entre *PR0* et *PRc*.

Le prix de vente est modulé en fonction de l'écart constaté par rapport au prix de revient objectif.

Le graphique 2 indique l'évolution des différents paramètres en fonction de l'évolution du prix de revient par rapport aux prévisions.

Pour un prix de revient objectif de 100, le client paye 110 et le bénéfice du titulaire est de 10.

Si le prix de revient augmente, le client paye davantage, mais le titulaire voit simultanément son bénéfice diminué. Pour un prix de revient de 110, le client paye 118 et le bénéfice du titulaire est de 8. Avec un contrat forfaitaire traditionnel, le client payerait toujours 110, la marge du titulaire devenant nulle.

Au-delà d'un prix de revient plafond (120 dans le graphique 2), auquel correspond un prix de vente plafond (126), le titulaire voit son bénéfice fondre plus rapidement. Si son prix de revient atteint 126, son bénéfice est nul.

Sans langage commun les affaires ne peuvent être conclues (Confucius).

Graphique 2. – *Contrat à intéressement sur l'économie du prix de revient*

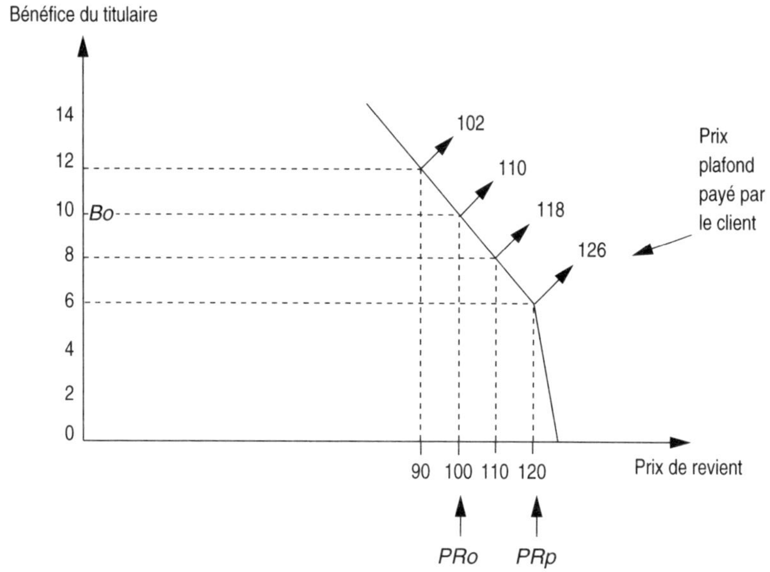

Si le prix de revient réel se trouve inférieur au prix de revient objectif, le client paye moins cher et la marge du titulaire est dans des proportions moindres que dans un contrat au forfait traditionnel. Pour un prix de revient de 90, le client paye 102 au lieu de 110 et le titulaire réalise un bénéfice de 12 au lieu de 10. La négociation porte sur la définition des différents paramètres et notamment sur le taux de partage *T*.

3.2. Contrat à intéressement sur les économies avec seuils sur les bénéfices

Dans le type de contrat précédent, le contractant supporte le risque d'un grand dépassement ; à l'opposé, si le prix de revient est sujet à une forte baisse, il convient de limiter les « super-bénéfices » qui seraient anormalement répercutés sur le client.

Le contrat a donc deux aspects :

– entre les deux limites d'intéressement, c'est un contrat à incitation à la réduction du prix de revient dimensionné par une formule analogue à celle développée dans le graphique 2 ;

– au-delà de ces limites, c'est un contrat à remboursement de dépenses du type régie.

Ne me dites pas que ce problème est difficile ; s'il n'était pas difficile, ce ne serait pas un problème (F. Foch).

Graphique 3. – *Contrat à intéressement sur les économies avec plafond*

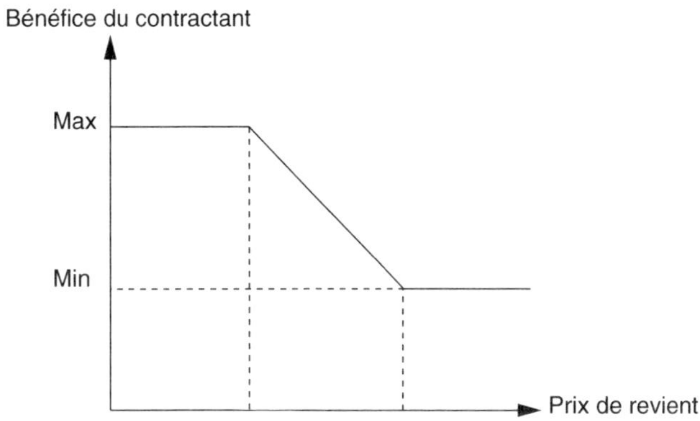

Graphique 4. – *Profils de négociation d'un contrat à intéressement sur les économies*

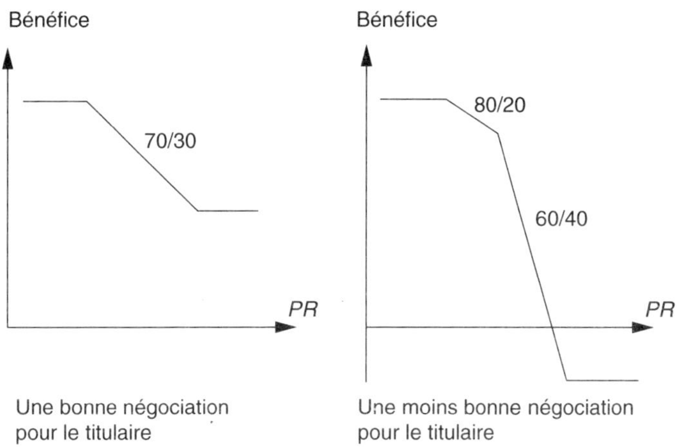

3.3. Contrat à intéressement sur paramètres multiples

Lorsque l'intéressement ne porte pas sur l'économie réalisée sur le prix de revient, il doit se faire au moins sur deux paramètres antagonistes, par exemple :

– coûts et performances ;
– délais et performances.

En guerre (en affaires) comme en amour, pour en finir, il faut se voir de près (Napoléon).

Ceci permet d'éviter d'avoir un produit peu cher et/ou rapidement livré mais aux performances dégradées dans les deux cas par rapport au cahier des charges.

4. Caractéristiques des différents types de contrats

Le tableau 1 synthétise les conditions d'utilisation, les avantages réciproques pour le client et pour le titulaire, des différents types de contrats abordés.

Tableau 1. – *Caractéristiques des différents types de contrats*

	Forfaitaire	**Régie**	**Motivation**
Conditions générales d'utilisation	Coût de revient et techniques de fabrication bien connus	Appel à des techniques nouvelles	Fonction d'objectifs à dépasser
Avantages pour le titulaire	Marges non contestées	À l'abri d'éventuelles variations de prix de revient et de nouvelles spécifications	Marge croissante en fonction du dépassement des objectifs contractuels
Avantages pour le client	Budget bien défini	Contrôle de la réalisation	Accroissement de la qualité, des performances, des délais, voire du coût

5. L'évolution des conditions de prix

Le contractant s'est engagé à un prix forfaitaire à une date donnée. Il souhaite se garantir contre l'évolution des conditions économiques entre la date d'établissement du prix et les dates ouvrant droit à paiement. Il existe deux pratiques pour se prémunir contre cette évolution : l'actualisation et la révision.

5.1. Actualisation

Le prix ferme est rajeuni trois mois avant la date de notification et devient ferme pour toute la durée du contrat. Dans le cadre des marchés publics, cette procédure est applicable pour des contrats dont la durée ne

---

C'est un grand art que de vendre du vent (B. Gracian).

dépasse pas un an pour des marchés de matériels, et six mois pour les marchés d'étude.

D'une manière plus générale, l'actualisation peut s'appliquer au-delà du délai d'option et elle ne concerne pas que le prix.

5.2. Révision

Les prix sont rajeunis à chaque échéance par l'application d'une formule de révision de prix. C'est la procédure utilisée dans le cadre des marchés forfaitaires de longue durée.

$$P = P_0\left(a + b\frac{B}{B_0} + c\frac{C}{C_0} + d\frac{D}{D_0} + \ldots\right)$$

avec :

P = prix révisé ;

P_0 = prix initial à la date de signature du contrat ;

a = partie fixe du prix, non soumise à révision. Depuis le 1er juillet 1982, a ne doit pas être inférieur à 15 % ;

b, c, d = parts respectives des différents éléments constitutifs du prix $(a + b + c + d) = 1$;

B_0, C_0, D_0 = valeurs des indices les plus représentatifs des éléments du prix à la date de signature du contrat ;

B, C, D = valeurs de ces indices aux dates de révision fixées dans le contrat ou moyenne des valeurs de ces indices calculés sur une période définie au contrat.

La négociation de la formule de révision consistera donc à :

– choisir B, C, D à partir de la proposition ;

– fixer a, b, c, d à partir de la proposition ;

– définir la règle de détermination des valeurs de B, C, D ; il existe deux possibilités : la première consiste à choisir les dernières valeurs connues parues au Bulletin Officiel des Prix n mois avant la date contractuelle ouvrant droit à paiement, la seconde à faire la moyenne arithmétique des indices sur la période durant laquelle s'est déroulée la prestation.

Les formules les plus courantes concernent :

- les prestations de main-d'œuvre pure et dans ce cas :

$$P = P_0\left(0,15 + 0,75\frac{M}{M_0} + 0,10\frac{D}{D_0}\right)$$

avec :

M = main-d'œuvre

D = dépenses diverses.

La cherté donne goût à la viande (Montaigne).

- les prestations de fabrication :

$$P = P_0\left(0,15 + 0,45\frac{M}{M_0} + 0,30\frac{A}{A_0} + 0,10\frac{D}{D_0}\right)$$

avec :

M = main-d'œuvre ;
A = achat de matière ;
D = dépenses diverses.

Le savoir est le seul outil de production qui ne soit pas sujet aux rendements décroissants (J.M. Clark).

Chapitre 13

LA NÉGOCIATION

EN RÉSUMÉ...

> *La négociation comporte deux composantes : le contenu et le relationnel.*
>
> *Un fin négociateur au plan relationnel qui n'a pas d'objectifs clairs de négociation n'aboutit à rien.*
>
> *On négociera les prix, mais aussi, les conditions de paiement (modalités et échéances), de livraison (où, quand, avec quel conditionnement, etc.), de recette (où, quand, sous quelles modalités, à la charge de qui), les pénalités et motivations éventuelles.*
>
> *Pénalités et motivations ne répondent pas à des standards, mais doivent être adaptées à chaque cas particulier. Ces clauses doivent comporter une assiette (montant sur lequel elles sont basées), un taux (il peut être linéaire, progressif, dégressif ou ponctuel), un plafond.*

L'objectif de la négociation, à partir de la proposition initiale, est d'ajuster les intérêts du client et du fournisseur. La négociation revêt deux composantes indissociables, le contenu et le relationnel.

Pour avoir fait le constat que le terme de négociation évoque souvent l'aspect relationnel, je prends le parti de traiter ici le contenu de la négociation. Il me semble en effet inutile d'être un « fin négociateur » si on ne sait pas ce que l'on négocie. La négociation se prépare.

J'ai retenu quelques points qui posent problème aux chargés d'affaires.

1. Pénalités

Les pénalités sont utilisées comme épée de Damoclès destinée à inciter le titulaire du contrat à respecter les délais annoncés.

Les pénalités doivent être décrites à l'aide des caractéristiques suivantes :

– l'assiette : c'est le montant sur lequel s'appliquera le taux de pénalité négocié ;

– le plafond : c'est le montant maximum, ou taux maximum cumulé que pourront atteindre les pénalités, quel que soit le retard du fournisseur ;

– le taux : il doit être modulé en fonction des enjeux ;

– délai contractuel : 20 semaines ;
– pénalités linéaires plafonnées à 4 semaines, ou 8 %.

Si le lot confié à un sous-traitant bénéficie sur le planning global de l'affaire d'une marge libre, les pénalités pourront être modulées en progression croissante.

– délai contractuel : 20 semaines ;
– pénalités progressives plafonnées à 5 %.

Si en revanche le lot confié à un sous-traitant se trouve sur le chemin critique, on pourra mettre en place des pénalités fortes sur une durée courte.

– délai contractuel : 20 semaines ;
– pénalités immédiates plafonnées à 10 %.

Illustration

Imaginons que le contrat consiste en l'étude et la fourniture du système de vidéo-transmission de Roland-Garros, affaire d'une durée de deux ans. Qu'est-ce que quinze jours de retard sur un délai de deux ans ? C'est assez pour que le fameux tournoi de tennis ne soit pas diffusé… Quel drame !

L'homme sait assez souvent ce qu'il fait, il ne sait jamais ce que fait ce qu'il fait (P. Valéry).

Cumul des pénalités

Lorsque le titulaire a subi une pénalité pour une livraison intermédiaire et qu'il livre également en retard le produit final de l'affaire, on déduit des pénalités les montants de pénalité déjà payées au cours du contrat.

Lors de la négociation du plan de financement de l'affaire, il est tentant pour le fournisseur d'essayer d'obtenir les paiements maximums aux livraisons intermédiaires. Lorsque ces paiements intermédiaires sont assortis de pénalités, on veille à ne faire porter celles-ci que sur le montant des lots livrés en retard, afin d'éviter d'être pénalisé pour une faute non commise. Par exemple, au temps *T*, on propose au client, en contrepartie d'un paiement important en regard du volume global de l'affaire, de livrer les ordinateurs, les logiciels de base, les manuels d'utilisation. À l'instant *T*, le client peut refuser de considérer la livraison complète s'il y manque la documentation. Les pénalités, mal négociées, peuvent porter sur le montant de l'ensemble des fournitures dont la livraison était prévue à l'instant *T*.

2. Motivation

La motivation porte sur le dépassement des objectifs contractuels. Les caractéristiques suivantes permettent de la définir :

– le niveau de dépassement de l'objectif ;

– l'assiette : montant sur lequel est calculé le pourcentage de motivation ;

– le plafond : montant maximum de motivation quel que soit le dépassement ;

– le taux : il peut être modulé en fonction des enjeux ;

– délai contractuel : 20 semaines ;
– motivation : 2 % par semaine, plafonné à 8 % ou 4 semaines.

Le taux d'intéressement peut être linéaire, progressif ou dégressif. Il est inutile de raccourcir trop le délai, une livraison anticipée risquant de générer un coût de stockage.

Méfiez-vous de l'homme qui parle pour ne rien dire. Ou il est stupide et vous perdez votre temps, ou il est très fort et vous perdez votre argent (A. Detœuf).

Un cas particulier peut se présenter où le délai contractuel sur lequel s'engage le titulaire est trop important par rapport au chemin critique de votre projet.

– délai contractuel : 20 semaines ;
– délai objectif : 16 semaines ;
– motivation : ponctuelle fixée à 40 % si le délai objectif est atteint.

On pourra proposer dans ce cas une franchise de motivation. Le prestataire ne sera alors rémunéré en plus du prix du contrat que s'il parvient à atteindre l'objectif de 16 semaines. Un effort lui permettant de réduire le délai de une, deux ou trois semaines ne lui apporterait aucune rémunération supplémentaire. Dans cette hypothèse, la motivation peut être très élevée.

3. Recette

On précise, dans le cahier des charges qui fait l'objet du contrat, les éléments suivants :

– quelles seront les modalités de la recette : qui y participera, quels tests seront effectués pour mesurer la conformité de la fourniture aux spécifications ;

– quel sera le lieu de la recette : sur le site du client, dans les locaux du fournisseur, etc. ;

– quelle en sera la durée ;

– quand aura-t-elle lieu : la date de recette fait souvent l'objet de conflits. Le processus de mise en recette peut être le suivant. Un délai contractuel est fixé au client à compter de la date de livraison, pour prononcer la recette, matérialisée par un procès-verbal ou pour émettre des réserves. On assortit cette disposition d'une clause de prononciation d'office de la recette en cas de non-retour de la part du client ;

– la prise en charge des frais éventuels de recette doit faire l'objet d'un accord contractuel.

4. Préparer une négociation

Une bonne préparation est la condition sine qua non de réussite de la négociation. On travaille à définir clairement ses enjeux ; on en déduit ses objectifs. Il est important de faire des hypothèses sur les enjeux et objectifs de l'autre partie.

Ne pas rire, ni se lamenter, ni haïr mais comprendre (B. Spinoza).

Une affaire, même simple, fournit toujours plusieurs points d'application en négociation : fourniture, niveau de qualité exigé, délai, prix, modalités de paiement, etc.

On doit, lors de la préparation, définir pour chaque point d'application notre cible et notre point de rupture. La cible est la valeur espérée, le point de rupture est la limite en dessous de laquelle il n'est pas possible d'aller (schéma 1).

Schéma 1. – *Point d'application de la négociation*

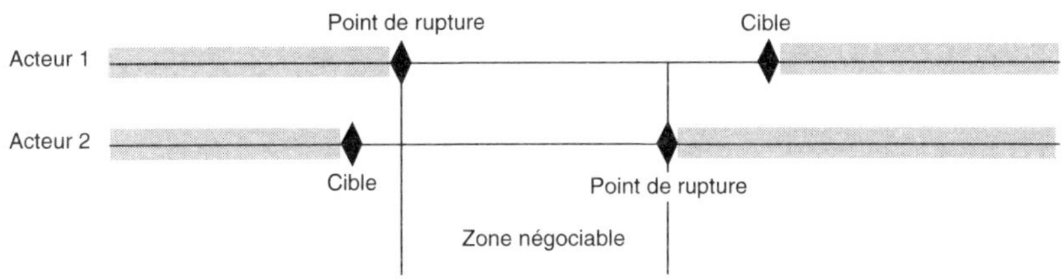

La négociation est dite « gagnant-gagnant » lorsque chaque partie accepte de perdre sur certains points pour gagner sur d'autres, au mieux des intérêts des deux parties. La négociation d'un des points d'application est rarement « gagnant-gagnant ».

Ce qui est à moi est à moi, ce qui est à vous est négociable (Staline).

Chapitre 14

DU SUIVI… AU PILOTAGE

EN RÉSUMÉ…

Suivre l'affaire, c'est se contenter de contrôler ce qui est fait et ce qui est dépensé au cours de l'affaire. Piloter l'affaire, c'est régulièrement réévaluer ses prévisions, anticiper et prendre des décisions.

La décision doit être, chaque fois qu'on le peut, l'aboutissement d'une étude de plusieurs scénarios technico-économiques.

Le pilotage est basé sur des tableaux de bord comprenant les indicateurs d'avancement en coût (CBTP : coût budgété pour le travail prévu, CRTE : coût réalisé pour le travail effectué, CBTE : coût budgété pour le travail effectué) ou en délai (indicateurs d'avancement technique).

Il ne s'agit pas, pour le chargé d'affaire, de ployer sous le poids des tableaux de bord. Un bon tableau de bord doit tenir sur une page de format A4. Chaque responsable au sein de l'affaire, et à son niveau, doit avoir un nombre d'indicateurs sur l'activité qu'il pilote compris entre cinq et neuf.

L'avancement technique peut être mesuré pour une activité, soit en proportion du résultat à fournir, soit en fonction des dates de début et de fin réelles. L'avancement technique global de l'affaire peut être déterminé à partir de balises techniques définissant « arbitrairement » un niveau d'avancement.

Des techniques d'analyse de tendance peuvent être utilisées pour ajuster les nouvelles prévisions à la réalité de l'affaire.

Le suivi de l'affaire consiste bien souvent à se contenter de mesurer le réalisé, le passé de l'affaire, sans réévaluation projective. Le pilotage intègre trois dimensions : le contrôle du réalisé, la mesure de l'avancement à l'instant *T*, la re-prévision sur la suite de l'affaire.

1. Le contrôle de l'avancement

En complément au système d'enregistrement des dépenses, le chargé d'affaire doit mettre en place un système de mesure de l'avancement des activités lié au planning. L'utilité de cette mesure provient de ce que le travail effectivement réalisé ne correspond pas toujours aux dépenses qu'il a nécessitées. Or, la comptabilité analytique et le contrôle budgétaire comparent des coûts budgétés (prévisions) pour en tirer des mesures d'écart indépendamment de toute notion d'avancement des travaux prévus.

Supposons en effet que, dans un intervalle de temps donné (une semaine), on ait prévu qu'une équipe de 4 hommes réaliserait douze mètres de tranchée pour un budget de 80 KF. À la fin de la semaine ceux-ci remplissent leur feuille d'attachement et leur note de frais et l'on constate que les dépenses sont de 85 KF. Le contrôle budgétaire enregistre un écart négatif.

Mais une analyse des tâches effectuées montre que les ouvriers ont réalisé 14 mètres de tranchée et donc pris de l'avance sur leur planning.

– Comment pourra-t-on valoriser ce travail ?

– Quelle est son incidence sur les coûts et les délais de l'affaire ?

Ces questions ne peuvent trouver de réponse que si l'on valorise les travaux effectués pour les comparer aux budgets et aux dépenses. Pour cela, l'avancement de chaque activité doit être évalué à l'aide d'un indicateur caractéristique et pondéré par le poids de l'activité dans l'ensemble de l'affaire.

Quand contrôler l'avancement

Les points de contrôle d'avancement sont établis dès le départ de l'affaire. Leur fréquence doit respecter la règle des 1/10e, c'est-à-dire que l'intervalle de temps séparant deux points de contrôle doit représenter environ le dixième du temps total de l'affaire (exemple : pour une l'affaire d'un an, on fera un point tous les mois, pour une l'affaire de trois mois, un point toutes les semaines, etc.).

C'est la durée moyenne des tâches qui peut conditionner le choix des intervalles entre points de contrôle.

Nous étions au bord du gouffre ; nous avons fait un grand pas en avant.

Il faut essentiellement veiller à ce que le coût des contrôles (réunions, reporting) reste marginal par rapport au coût de l'affaire.

2. Les indicateurs

La forme de l'information doit être adaptée à chaque niveau de gestion de l'affaire.

Le système d'information, et donc les points de contrôle, doivent permettre à la fois aux différents responsables de lots de remonter l'information nécessaire au chargé d'affaire, et de faire descendre les décisions au bon niveau pour prise en compte et exécution. Chacun dans l'affaire doit avoir une vision précise et détaillée du ou des lots dont il a la charge, ainsi qu'une vision globale permanente de l'affaire, notamment des activités dont il dépend ou qu'il conditionne.

> *Ce qui est humainement raisonnable :*
> *7 ± 2 indicateurs par responsable.*
> *une page 21 × 29 par tableau de bord.*

Un responsable du contrôle des coûts dispose à une date donnée pour l'affaire des informations suivantes :

• Budget à fin de affaire (*Budget at completion*) : budget initial ou révisé par avenants.

• Coût budgété du travail prévu : *CBTP* (*BCWS* : *Budgeted Cost of Work Scheduled*)

Si l'on avait travaillé en conformité avec le budget à date, les travaux qui auraient dû être réalisés à cette date auraient conduit normalement à ce coût.

• Coût Réel du Travail Effectué : *CRTE* (*ACWP* : *Actual Cost of Work Performed*)

Ce sont les dépenses réellement effectuées à cette date.

• Coût budgété du travail effectué : *CBTE* (*BCWP* : *Budgeted Cost of Work Performed*)

Cette valeur théorique des travaux exécutés s'obtient en valorisant les tâches effectuées par leurs coûts prévisionnels définis dans le budget à date. On parle encore de valorisation « à prix budget ».

Les courbes d'avancement sont représentées sur le graphique 1.

Lorsque plusieurs questions urgentes se présentent à la fois, choisissez la plus embêtante : c'est certainement la plus pressée (A. Detœuf).

Graphique 1. – *Courbe de pilotage des coûts*

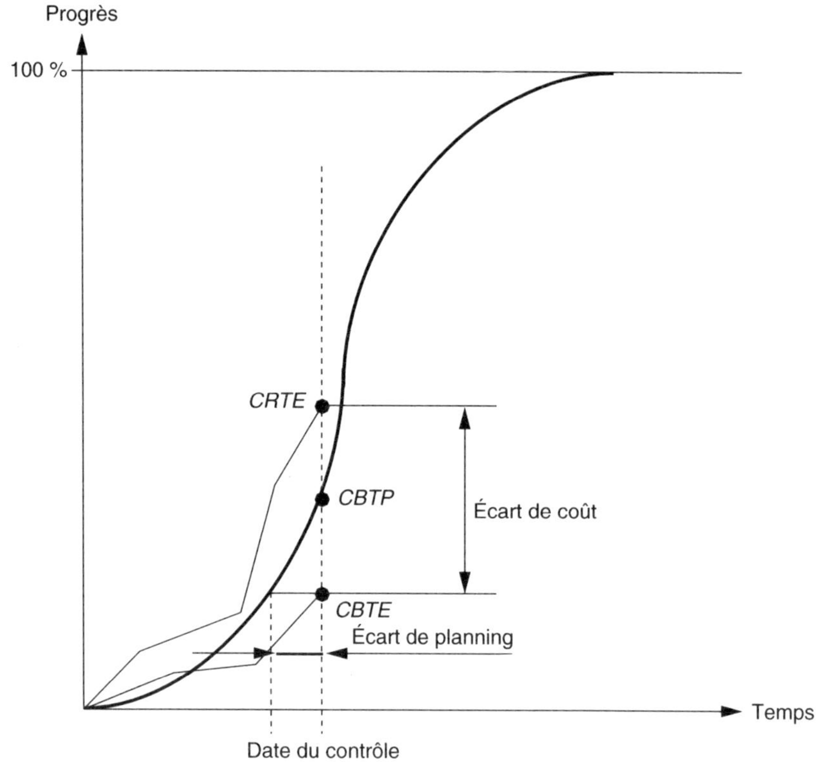

La comparaison entre *CBTP* et *CRTE* n'a pas de sens car elle revient à comparer des coûts pour des travaux différents. On n'a pas forcément réalisé ce que l'on pensait réaliser.

Pour analyser la situation de l'affaire, il faut comparer ces valeurs entre elles. On peut choisir de le faire à des moments différents de l'affaire :

– aux dates clefs, en fonction de la logique de l'affaire ;

– à des points de contrôles réguliers.

L'analyse consiste d'abord à mesurer deux écarts significatifs :

Écart Planning = *CBTE* – *CBTP*

Écart coûts = *CRTE* – *CBTE*

IPP (Indice de Performance Planning) = *CBTE*/*CBTP*... une valeur > 1 indique une avance sur le planning prévu.

Ici, voyez-vous, rien que pour rester à la même place, il faut courir comme un dératé (L. Carroll).

IPC (Indice de Performance des Coûts) = *CBTE/CRTE*… une valeur > 1 indique que nous sommes en dessous du budget prévu à ce moment du projet.

IPG (Indice de Performance Globale) = $IPP \times IPC$… cet indice permet de mesurer, de façon très synthétique (trop ?), les performances du chef de projet.

Une des notions importantes du contrôle est le reste à dépenser qui doit être réévalué à chaque point de contrôle.

L'avancement pourra alors être exprimé comme :

$$\frac{CRTE}{CRTE + RD}$$

avec *RD* = Reste à dépenser.

3. Mesure de l'avancement physique

En fonction de la nature des activités de l'affaire, on peut évaluer leur avancement de différentes façons.

L'avancement proportionnel est donné par le rapport du temps écoulé au temps total d'exécution de l'activité.

$$AV = \frac{DP}{DP + PF}$$

avec :

AV = avancement ;
DP = durée passée ;
PF = pour finir.

Pour les tâches courtes ou dont l'avancement proportionnel est difficile à déterminer, on utilisera une formule réductrice de mesure de l'avancement.

• Premier cas :

Dès que l'activité est débutée, son avancement est considéré comme étant de 50 % ; dès que l'activité est terminée, son avancement passe à 100 %.

• Deuxième cas :

Une activité reste considérée à 0 % d'avancement tant qu'elle n'est pas terminée. Quand elle est finie, elle passe à 100 %.

On peut également établir des pourcentages d'avancement prédéfinis en fonction de l'atteinte d'objectifs intermédiaires de l'affaire.

L'avenir n'est plus ce qu'il était (P. Valéry).

Schéma 1. – *Avancement prédéfini en fonction des objectifs intermédiaires*

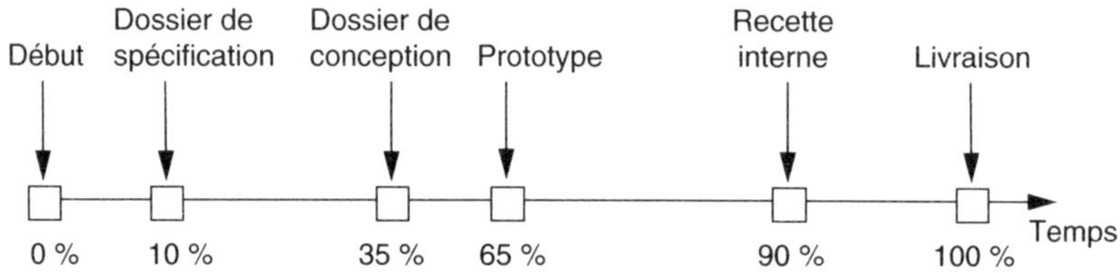

Le choix des avancements prédéfinis est fait à partir de l'expérience de l'entreprise dans le domaine. Ils ne sont pas proportionnels au temps, mais au budget à respecter pour atteindre l'objectif de marge fixé.

4. La décision

Une décision ne doit pas être prise en connaissance de causes, mais en connaissance de conséquences.

Pour prendre une décision, il est louable d'échafauder plusieurs scénarios, d'en mesurer les effets attendus (coûts, délais, technique) afin de retenir la meilleure solution.

Élaborer un seul scénario	Jouer au Loto
Élaborer deux scénarios	Jouer à pile ou face
Élaborer trois scénarios	Décider

Lorsqu'un événement survient sur un lot dans le cours de l'affaire, on s'attache à :

– imaginer les solutions techniques possibles ;

– analyser l'impact sur le délai de l'affaire ;

– évaluer les écarts de coût pouvant en résulter, non seulement sur le lot, mais également sur d'autres lots conditionnés par le lot considéré.

L'évaluation technico-économique des solutions doit permettre d'éviter de tomber dans les pièges habituels. Le technicien veut à tout prix tenir le délai, l'expression littérale « à tout prix » prenant tout son sens, au détriment de la rentabilité. Le gestionnaire souhaite préserver la marge, quitte parfois à dégrader la qualité de la fourniture ou à différer certaines livraisons.

Toute idée révolutionnaire connaît trois étapes : c'est complètement impossible, ne me faites pas perdre mon temps – c'est possible, mais ça ne vaut pas la peine – j'ai toujours dit que c'était une bonne idée (3e loi de Clarke).

La solution à un problème sur une affaire, lorsqu'elle n'apparaît pas possible en interne, passe par le contact avec le client. C'est le plus souvent possible car le client a intérêt à résoudre les problèmes. Même si la négociation d'avenants est délicate en cours d'affaire, je suis persuadé qu'il n'y a rien à gagner à ne pas avertir le client des problèmes rencontrés.

5. Analyse de tendance

Sur une affaire de longue durée, on pourra mettre en place le tableau de bord d'analyse de glissement.

Graphique 2. – *Analyse de tendance des dérives*

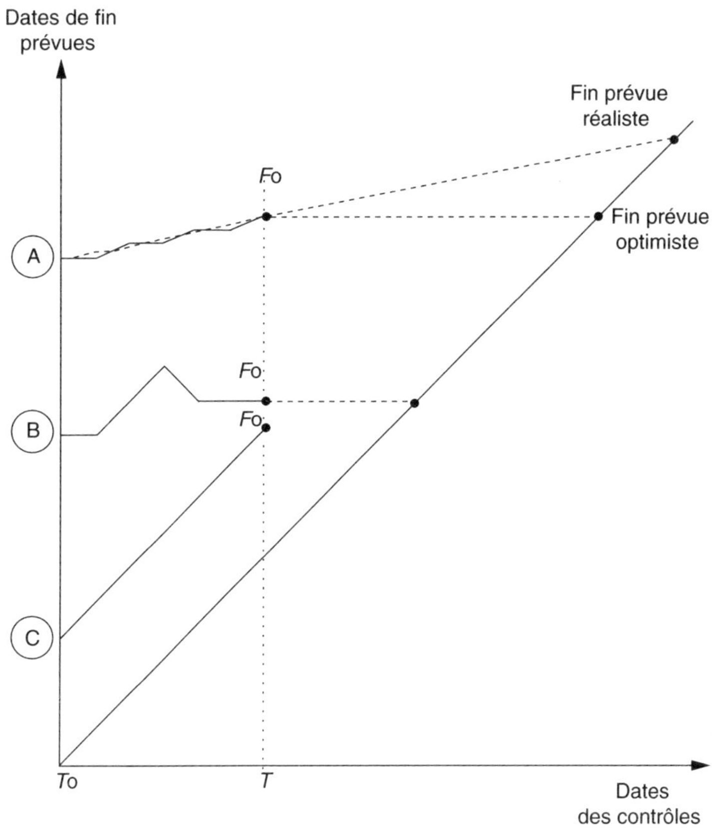

Sots et suants, ils gravissent la montagne comme des bêtes ; on a oublié de leur dire qu'il y a en chemin de fort jolies vues (F. Nietzsche).

L'affaire A a tendance à prendre 15 jours de retard tous les deux mois. À la date T, le retard cumulé est de un mois et demi. Il serait risqué d'envisager la fin de l'affaire en F_0 ; la fin prévue réaliste doit intégrer la tendance à la dérive.

On calcule la dérive :

$$D = R(T - T_0)$$

avec :

D = dérive ;

R = retard cumulé à la date T ;

$T - T_0$ = temps passé.

La date de fin prévisionnelle réaliste sera calculée par :

$$F = F_0 + D$$

avec :

F = fin prévisionnelle ;

F_0 = fin prévue à date T ;

D = dérive calculée.

L'affaire B (graphique 2) ne présente pas un profil de tendance à la dérive, mais un retard de type accidentel aux dates 3 et 4. Le retard semble avoir été partiellement résorbé et la courbe est de nouveau plane aux dates 6 et 7. On pourra conserver la fin prévue à date 7 comme prévision réaliste.

L'affaire C prend un mois de retard tous les mois. C'est un profil pour une affaire dont la composante recherche et développement est forte. Le plus probable est que l'affaire n'a pas débuté.

Lâche pas la patate (Dicton cajun).

Chapitre 15

LE BILAN

EN RÉSUMÉ...

Le bilan permet de vérifier que les objectifs ont été atteints. Il constitue un retour d'expérience permettant de capitaliser le savoir-faire de l'entreprise dans le but d'améliorer les estimations sur les affaires futures.

Un bilan Qualité évalue la satisfaction du client par rapport à la réponse technique apportée, au suivi administratif, à la prise en compte de ses contraintes, aux relations avec les interlocuteurs de l'entreprise. Il permet à l'entreprise d'améliorer son processus de pilotage d'affaire.

La mesure des écarts et l'analyse de leurs causes permettent d'améliorer les modes d'estimation en avant-vente.

La mise à jour du système d'information de l'entreprise permet de constituer la mémoire transmissible de l'entreprise. Elle évite de reproduire les mêmes erreurs et facilite la formation des nouveaux collaborateurs.

Cette étape est souvent délaissée car l'affaire terminée est immédiatement remplacée par une nouvelle affaire et de nouvelles perspectives.

1. Les objectifs du bilan

Plusieurs objectifs seront visés :
– analyser la satisfaction du client avec l'optique d'améliorer la qualité de service proposé par l'entreprise ;

– analyser les écarts du réalisé par rapport aux prévisions, en déterminer les causes, enfin d'élaborer des solutions pour les prochaines affaires ;
– mettre à jour le système d'information de l'entreprise : informations techniques et économiques de l'entreprise.

2. Bilan qualité

On peut procéder par entretiens avec les représentants du client, par questionnaire, ou au travers de réunions, à une enquête de satisfaction sur différents points. Parmi ceux-ci :

– Le cahier des charges fonctionnel a-t-il été respecté ?
– La fourniture est-elle conforme à la commande ?
– Les délais ont-ils été respectés ?
– La maîtrise de l'affaire a-t-elle été assurée ?
– Le suivi administratif de l'affaire a-t-il été satisfaisant ?

Ce type d'enquête doit déboucher sur des actions correctives concrètes.

3. Analyse des écarts

Au plan technique, la découverte d'écarts entre le produit ou service livré et la commande peut révéler des faiblesses dans le cycle de développement. Ces faiblesses peuvent apparaître lors des spécifications, de la conception, de la production, voire de la livraison.

Les écarts identifiés au plan des coûts ou des délais permettent de remettre en cause les modalités d'estimation lors de la préparation de l'affaire.

4. Mise à jour du système d'information

L'objectif est de capitaliser l'expérience acquise lors de l'affaire. La plupart du temps, et c'est d'autant plus vrai que l'entreprise est petite, cette capitalisation s'effectue dans la tête des participants aux affaires. Cette expérience incontestable présente l'inconvénient de n'être que difficilement transmissible. De plus, les chargés d'affaires expérimentés seront sollicités sur toutes les affaires et leur expertise perdra en disponibilité. Enfin, le départ d'un ancien provoque une perte de mémoire de l'entreprise irréparable.

L'appellation système d'information recouvre des formes variées, du papier au multimédia. Il ne s'agit pas de mettre en place systématiquement

---

Si tu tires sur le passé à coups de revolver, c'est le futur qui te fera la peau avec toute son artillerie (Proverbe vietnamien).

des bases de données sophistiquées. Le simple fait d'écrire le bilan de l'affaire et de rendre le document accessible est un bon début.

De nombreuses entreprises ont tenté de mettre en place des systèmes informatiques de capitalisation de la connaissance acquise au cours des projets (bases de connaissances, intranet...). Les résultats sont en général décevants ; les systèmes sont complexes à renseigner, les acteurs des projets n'ont pas de temps à consacrer à la formalisation de leur expérience en fin de projet, les recherches sont souvent formulées en des termes différents de ceux utilisés pour introduire les informations qui se trouvent enfouies à jamais dans la mémoire de l'ordinateur.

Quelques expériences originales de capitalisation, menées au sein d'entreprise managées par projets, donnent des résultats encourageants ; elles consistent à organiser des réunions de retour d'expérience lors desquelles les participants à un projet racontent ce qu'ils ont vécu. Certaines entreprises expérimentent même l'utilisation du conte dans le but d'aider les chefs de projet à structurer leur récit de façon didactique, voire initiatique... à suivre !

– *Monsieur Chou En-Lai, que pensez-vous de la révolution de 1789 ?*
– *Monsieur le Président, c'est un peu trop tôt pour en juger.*

CONCLUSION

La réussite d'une affaire n'est pas une question de justesse arithmétique. L'emploi rigoureux de l'ensemble des outils proposés, que maintenant vous maîtrisez parfaitement, ne garantit pas l'atteinte des objectifs. En revanche, n'utiliser aucune méthode de pilotage d'affaire en garantit l'insuccès.

L'introduction de méthodes de conduite d'affaire dans l'entreprise ne doit pas se faire au détriment de la compétence technique qui permet de produire les systèmes répondant aux besoins des clients.

Le responsable d'affaire doit cumuler les qualités indispensables et complémentaires suivantes :

– expert technique, il comprend tout de la technicité de l'affaire ;

– manager de premier ordre, c'est un leader qui sait animer l'ensemble des contributeurs à l'affaire, et les inciter à donner le meilleur d'eux-mêmes ;

– rompu aux techniques commerciales, il est à l'écoute du client et sait intégrer à sa réponse les produits et services que souhaite promouvoir le marketing de sa propre entreprise ;

– négociateur habile, il conduit les négociations des contrats ;

– financier rigoureux, il sait construire et proposer un plan financier séduisant pour le client et sûr.

Si vous vous êtes reconnus dans ce portrait, la perle rare que vous êtes sera accueillie à bras ouverts dans n'importe quelle entreprise, votre modestie dut-elle en souffrir.

Dans le cas contraire, analysez vos points forts et points faibles… tout peut s'apprendre.

Au-delà de la maîtrise méthodologique du pilotage d'affaire et des outils associés, une qualité nécessaire au chargé d'affaire est la « faculté hélicoptère ». Elle se définit (A. Mignien, 1990) comme la capacité à adopter successivement différents points de vue sur l'affaire. C'est être capable de passer d'une vision long terme (quels pourraient être les débouchés indirects de cette affaire sur le marché) à une écoute d'un problème d'exécution. Il est frappant de constater combien l'on a tendance à se cantonner, voire se réfugier, dans un rôle. Au « manager » la vision stratégique, à l'exécutant le cambouis, fût-il assisté par ordinateur.

Si vous ne vous dites pas :

– « tout ça ne sert à rien » ;
– « je connais et pratique déjà toutes ces méthodes » ;
– « c'est intéressant mais chez nous ça n'a aucune chance de marcher » ;
– « on n'a déjà pas le temps de faire ce qu'on a à faire... » ;

...alors vous pouvez mettre en pratique le contenu du livre. Si vous vous reconnaissez dans les deux dernières réflexions, offrez ce livre à votre patron.

Le pilotage d'affaire ne procède pas d'une logique du tout ou rien. Vous pouvez améliorer le pilotage de vos affaires progressivement, par étapes successives, par ordre de difficulté de mise en œuvre croissante, afin de commencer par des succès encourageants même si les effets en sont limités, plutôt que de viser des objectifs très ambitieux et jamais atteints.

Face au monde qui change, il vaut mieux penser le changement que changer le pansement (F. Blanche).

BIBLIOGRAPHIE

AACE, *Project & Cost Engineer's Handbook*, Dekker.

AFITEP, *Annales des conventions nationales*, de 1986 à 2001.

AFITEP, *Dictionnaire du management de projet*, Afnor, Paris, 4e édition 2000.

AFITEP, *Le management de projet (principes et pratique)*, Afnor, Paris, 1991.

AFNOR, *Les mémentos 2002*, Afnor, collection À Savoir, Paris.

AFNOR, normes X 50-105 et suivantes sur la gestion de projet.

AFNOR, normes X 50-150 et suivantes sur l'analyse de la valeur.

Articles parus dans la cible, *revue de l'AFITEP*.

BELLUT S., *La compétitivité par la maîtrise des coûts*, Afnor, Paris, 1991.

BOON, GOFFIN, *Les contrats clés en main*, Masson, Paris, 1991.

BOUDRIOT, Malecamp, *Préparation des décisions d'investissement*, fascicule A 8050, Techniques de l'ingénieur, Paris, 1988.

BOYER L., Bureau R., *600 citations pour réfléchir avant d'agir*, Éditions d'Organisation, Paris, 1993.

BRINER, GEDDES, HASTINGS, *Le manager de projet : un leader*, Afnor, Paris, 1993.

BULTEL J., PEREZ F., *La réussite économique des projets*, Dunod, Paris, 1991.

BUTRICK R., *Gestion de projet en action,* Les Échos Éditions, Paris, 2000.

COURTOT H., *La gestion des risques dans les projets*, Economica, Paris, 1998.

DETŒUF A., *Propos de O.L. Barenton confiseur*, Éditions d'Organisation, Paris, 1982.

DUPUIS P., *Offres à l'export*, Éditions d'Organisation, Paris, 1994.

GÉNELOT D., *Manager dans la complexité*, Insep, Paris, 1992.

GIARD V., *Gestion de projets*, Economica, Paris, 1991.

GIARD V., MIDLER C., *Pilotage de projet et entreprises*, Economica, Paris, 1993.

KAZMIER L.J., *Statistiques de la gestion*, série Schaum, McGraw-Hill, 1982.

LAMAND G., *La maîtrise des risques dans les contrats de vente*, Afnor, Paris, 1993.

LE BISSONNAIS J., *Le management de projet de A à Z*, Afnor, Paris, 1992.

LUSSATO B., *La théorie de l'empreinte*, ESF Éditeur, Paris, 1991.
MARTIN J.P., *La qualité des logiciels*, Afnor Gestion, Paris, 1987.
PEAUCELLE J.L., *La gestion de l'informatique*, Éditions d'Organisation, Paris, 1990.
PETITDEMANGE C., *Le management de projet (80 démarches opérationnelle),* Éditions EFE, Paris, 1997.
PILLOT G., *Maîtrise du contrôle de gestion en schémacolor*, Éditions d'Organisation, Paris, 1986.
Revue internationale en gestion et management de projets, USTL-IAE (Lille) et Université du Québec (Rimouski-Canada).
ROBILLARD P., *Le logiciel, du bricolage à l'industrialisation*, Eyrolles, Paris, 1987.
STEXARD D., *Cost Estimating*, J. Wiley & sons, 1982.
TISSIER D., *Guide pratique pour la gestion des unités et des projets*, Insep, Paris, 1987.
TOFFLER A., *Les nouveaux pouvoirs*, Fayard, Paris, 1990.
VALLET G., *Techniques de planification de projets*, Dunod, Paris, 1991.

GLOSSAIRE

Activité
Unité de travail planifiable, dont on peut identifier le début, la fin et le résultat tangible.

Actualisation
Variation de prix prévue dans une offre, applicable avant la signature du contrat, destinée à pallier une évolution des coûts entre la rédaction de l'offre et l'acceptation du client.

Affacturage
Technique de couverture du crédit-client consistant à vendre les créances client à un opérateur externe à l'entreprise.

Affaire
Paradoxe apparent visant à concilier la réponse au besoin d'un client et la rentabilité pour le fournisseur.

Analyse fonctionnelle
Méthode de détection et d'expression des besoins du client, en termes de fonctions attendues que doit remplir le système à fournir.

Annexe
Partie de la proposition comprenant l'ensemble des éléments non nécessaires à la compréhension de celle-ci, mais constituant des arguments.

Appel d'offres
Document exprimant la demande d'un client pour un produit ou un service et adressé à un public plus ou moins large de fournisseurs potentiels.

Avancement

Rapport, établi à un instant donné, entre ce qui est fait et la totalité de ce qui est à faire sur un projet.

Avant-vente

Phase de l'affaire aboutissant dans le meilleur des cas à la signature du contrat. L'avant-vente comprend la recherche d'affaire, la qualification et la préparation de l'affaire.

Billet à ordre

Mode de paiement équivalent à une reconnaissance de dette de la part du client envers son fournisseur.

BOAMP

Bulletin Officiel d'Annonces des Marchés Publics : parution bi-hebdomadaire regroupant les appels d'offres émis par toutes les institutions publiques.

Budget

Du vieux français « bougette » ou « sac du trésorier », c'est un montant fixé, en général insuffisant, pour financer l'exécution d'une action définie.

Cahier des charges

En principe, document formulant précisément les attentes du client ; en réalité, se résume souvent à un post-it ou un coup de téléphone.

CBTE

Coût Budgété pour le Travail Effectué : valeur théorique obtenue en valorisant le travail exécuté à une date donnée à l'aide du budget prévu initialement pour ce travail.

CBTP

Coût Budgété pour le Travail Prévu : budget qu'il est initialement prévu de dépenser à une date donnée.

Chargé d'affaire

Encore appelé responsable d'affaire, ingénieur d'affaire, technico-commercial, il doit être à la fois un expert technique, un commercial agressif, un financier avisé, un négociateur habile, un manager charismatique… avant de devenir héros ou martyr à la fin de l'affaire, il est l'interlocuteur de l'entreprise vis-à-vis du client.

Chèque

Titre de paiement émis par le client, il est très attendu par l'entreprise et son banquier.

Client

Personne physique ou morale dont les objectifs changeants doivent être atteints quoi qu'il arrive par le fournisseur.

Contrat

Document liant pour le meilleur et pour le pire l'entreprise et son client, il décrit les engagements réciproques.

Contrôle

Souvent une mauvaise traduction de l'anglais *control* qui signifie maîtrise.

Coordinateur

Nommé par la direction pour piloter un projet, il a pour mission de coordonner l'action des différents services ; il n'a pas de pouvoir sur les ressources de l'entreprise.

Coût

S'obtient en valorisant les ressources utilisées pour la réalisation de l'affaire.

CPM

Critical Path Method ou méthode du chemin critique : méthode de planification, variante du PERT.

CRTE

Coût Réalisé pour le Travail Effectué : ensemble des dépenses faites sur l'affaire à une date donnée.

Délai d'option

Délai de validité de la proposition indiqué dans celle-ci.

Équipe

Groupe de personnes dont les objectifs individuels sont censés converger vers un objectif commun.

Facilitateur

Chargé de projet, il reste rattaché à sa direction et a pour mission de favoriser la synergie des différents services de l'entreprise impliqués dans le projet.

Facture

Document émis par le fournisseur comprenant l'ensemble des informations permettant au client de le payer. La facture est un justificatif comptable, tant pour le client que pour le fournisseur. La facture doit refléter la réalité d'un travail effectué ou à effectuer par le fournisseur.

Forfait

Mode contractuel de fixation d'un prix de vente prédéterminé pour une fourniture définie.

Fournisseur

Entreprise proposant des produits, en général sur catalogue. Par extension, le fournisseur fournit tous produits ou services spécifiquement réalisés pour un client.

Frais financiers

Montants prélevés par le banquier sur la marge des affaires, au titre des bonnes relations avec l'entreprise. Ils représentent la rémunération des concours consentis par la banque, sous forme de découvert, d'escompte ou d'emprunts.

Gantt

Diagramme représentant les activités au cours du temps, conçu par Henry Gantt en 1900.

IA

Immédiatement Antérieure : activité qui conditionne une activité suivante dans le planning.

Indicateur

Information représentative d'une réalité de l'affaire et qui en assure la visibilité. Les indicateurs peuvent représentés les coûts, les délais, la qualité, etc.

Lissage

Délicate opération consistant à modifier le planning de façon que les ressources disponibles suffisent à réaliser le travail prévu, mais en maintenant la date de fin de projet. Le lissage peut laisser subsister des conflits de ressources. Voir aussi nivellement.

Logiciel

Forme d'outil de travail moderne souvent implanté dans l'entreprise pour pallier un manque de méthode, et dans ce cas sans former les utilisateurs.

Lot de travail

Élément de l'organigramme des tâches regroupant un ensemble cohérent d'activités et confié à un responsable unique.

Marché négocié

Passé directement par un client à un fournisseur connu, sans utiliser la procédure d'appel d'offres.

Marge

En planification, elle représente un délai supplémentaire que l'on peut consommer sur une activité sans remettre en cause le délai global de l'affaire. La marge peut être totale ou libre. Économiquement, elle résulte de la différence entre le prix de vente et le coût. De ce point de vue, piloter une affaire, c'est maintenir la marge positive.

Matricielle

Se dit d'une organisation ayant pour principe de séparer les structures temporaires d'affaire ou de projet de la structure durable de l'entreprise, définissant alors une matrice de responsabilités.

Motivation

Incitation économique destinée à encourager un fournisseur à dépasser les objectifs contractuels.

MPM

Méthode des potentiels Metra : méthode de planification dérivée du PERT et créée par Bernard Roy, ingénieur de la société Metra.

Négociation

Permanente, elle devient une clé de la vie en entreprise et de la vie entre entreprises, conséquence de la disparition progressive et louable de l'autoritarisme. Au plan commercial, on la dit « à somme nulle » (ce que l'un gagne, l'autre le perd) ou « gagnant-gagnant » (les deux parties trouvent leur compte).

Nivellement

Délicate opération consistant à modifier le planning de façon que les ressources disponibles suffisent à réaliser le travail prévu, en repoussant si nécessaire la date de fin de projet. Le nivellement élimine tous les conflits de ressources. Voir aussi lissage.

Organigramme

Représente graphiquement l'organisation de l'entreprise, de l'affaire ou la logique d'un programme informatique. Voir aussi WBS.

Partenaire

Personne physique ou morale avec qui on partage la réalisation d'un bien ou d'un service. Depuis quelques années, le terme tend à remplacer ceux de client et de fournisseur, non sans une certaine hypocrisie.

Pénalités

Clause contractuelle visant à punir le titulaire en cas de manquement à certains engagements (non respect du délai, des performances).

PERT

Program Evaluation and Review Technique, cette méthode de planification d'origine américaine a conquis le monde. Il existe le PERT-flèches et le PERT-potentiel, plus utilisé actuellement.

Planification

Mal nécessaire. Peut être long terme (stratégique), moyen terme (ordonnancement) ou court terme (lancement).

Prix de vente

Montant financier proposé au client comme contrepartie d'un produit ou d'un service. La détermination du prix relève soit de savants calculs économiques, soit d'une estimation de ce qui est acceptable pour le client, voire de l'utilisation du pifomètre.

Proposition

Document émis par un fournisseur potentiel comportant tous les éléments techniques et économiques permettant au client potentiel de prendre une décision.

Prospection

Commerciale, elle consiste à entretenir avec des clients potentiels de l'entreprise des contacts qui se transformeront peut-être en affaire.

Qualité

Concept marketing des années 90, la qualité doit être totale ou ne pas être. Tend malheureusement à justifier une avalanche de procédures dont la complexité nécessite l'appel à un consultant, qui en vit.

Recette

Encore appelée réception technique, cette étape de l'affaire consiste pour le client à vérifier la conformité de la livraison à la demande. Elle peut être matérialisée par un procès-verbal et permet souvent de déclencher une facturation.

Régie

Mode contractuel consistant à définir une obligation de moyen plus que de résultat pour le titulaire. La régie est utilisée dans le cas d'affaire dont les objectifs ne peuvent être définis avec précision ou quand le coût de revient est sujet à incertitude.

Rentabilité

Qualité économique d'une affaire pour laquelle le prix de vente est supérieur au coût. La rentabilité est d'autant plus grande que la marge est grande.

Ressource
Moyen matériel, humain ou financier permettant de réaliser un travail.

Révision
Modification du prix de vente en cours d'affaire dont les modalités sont prévues au contrat.

Risque
Maximum, en application de la loi de Murphy.

Sous-traitant
Réalise une partie de l'affaire pour le compte du maître d'œuvre.

Suivi
Antithèse du pilotage, le terme, pourtant très utilisé, évoque l'image d'un chargé d'affaire qui court derrière son affaire sans jamais la rattraper.

Tableau de bord
Ensemble d'indicateurs dédiés à un champ d'observation défini : coût, délai ou qualité. Il doit tenir sur une page de format A4.

Task-force
Organisation d'affaire regroupant à temps plein tous les contributeurs, elle est utilisée pour les projets à caractère d'urgence ou stratégiques pour l'entreprise.

Traite
Titre de paiement émis par le fournisseur et qui doit être accepté par le client. La traite est escomptable auprès de la banque.

Trésorerie
Désigne l'ensemble des flux financiers au sein de l'entreprise ou de l'affaire. La trésorerie de l'entreprise résulte de la consolidation de la trésorerie des différentes affaires. C'est aussi la différence entre flux entrant (recettes) et flux sortant (dépenses). De ce point de vue, on veille à ce qu'elle soit positive.

WBS
Work Breakdown Structure : méthode de découpage d'une affaire destinée à en faciliter le pilotage. Traduit en français par organigramme technique ou organigramme des tâches, la WBS est un sujet de controverses qui occupe largement le temps des consultants en gestion de projet.

WP
Work Package : voir lot de travail.

TABLE DES MATIÈRES

Dans la même collection

BARTHE R., *La statistique descriptive en 10 leçons.*

BELLIER-DELIENNE A. et KHATH S., *Gestion de trésorerie.*

BERTONÈCHE M. et JACQUET D., *Risque de taux d'intérêt et choix des instruments financiers.*

BONNET F., *Comptabilité générale pour la gestion.*

BONNET F., *Du bilan comptable au bilan financier.*

CABY F. et JAMBART Cl., *La qualité dans les services,* 2e éd.

DEBEAUVAIS M. et SINNAH Y., *La gestion globale du risque de change : nouveaux enjeux et nouveaux risques*, 2e éd.

DESBARRIÈRES N., *La bourse et ses back-offices*, 3e éd.

DESCLOS D., *Analyse-crédit des PME.*

DUPONT C. et AUDEBERT-LASROCHAS P., *Prévisions financières et tableau de variation d'encaisse.*

ESPOSITO M.C., *Dictionnaire de l'économie, de la finance et de la comptabilité (anglais/français et français/anglais)*, 2e éd.

GARREC F., *Commerce international et finance : l'anglais des affaires – International Trade and Finance : a Language Text-book.*

GILLET P., *L'efficience des marchés financiers.*

HOUDAYER R., *Evaluation financière des projets*, 2e éd.

JAFFEUX C., *Le second marché – Mythes et réalités.*

LA BAUME Ch. (de), *Gestion du risque de taux d'intérêt*, 2e éd.

LABADIE A. et ROUSSEAU O., *Credit management – Gérer le risque client.*

LACHMANN J., *Le financement des stratégies de l'innovation.*

LACHMANN J., *Le seed capital : une nouvelle forme de capital-risque.*

LANGOT J., *Comptabilité anglo-saxonne*, 4e éd.

LENOIR R. et SARAVAS L., *La langue des affaires. Dictionnaire économique et commercial bilingue.*

LEUTENEGGER M.A., *Les tableaux d'analyse des flux.*

MAHÉ de BOISLANDELLE H., *Gestion des ressources humaines dans les PME*, 2e éd.

MAHÉ de BOISLANDELLE H., *Dictionnaire de gestion.*

MATHÉ J.C., *Politique générale de l'entreprise : analyse et management stratégiques.*

MONTIER J. et SCOGNAMIGLIO G., *Techniques de consolidation.*

PERFETTI P., *Analyses techniques.*

PIGET P., *Gestion financière de l'entreprise.*

PIGET P. (avec la collaboration de G. CHA), *Comptabilité analytique*, 3e éd.

PILVERDIER J. et HAMET J., *Le marché financier français*, 4e éd.

RIVA F., *Applications financières sous Excel en Visual Basic.*

THIEL D., *Management industriel.*

VALLIN P., *La logistique – Modèles et méthodes du pilotage des flux*, 2e éd.

ZOPOUNIDIS C., *Evaluation du risque de défaillance de l'entreprise.*

Réalisé en P.A.O. par STDI - Z. A. Route de Couterne - 53110 LASSAY-LES-CHÂTEAUX
Imprimé en France. - JOUVE, 11, bd de Sébastopol, 75001 PARIS
N° 317669V. - Dépôt légal : Janvier 2003